**5차원
수학**

5차원 수학

1판 1쇄 발행 2017. 5. 29.
1판 4쇄 발행 2024. 4. 1.

지은이 원동연·임소영

발행인 박강휘
편집 임지숙 | 디자인 조명이
발행처 김영사
등록 1979년 5월 17일(제406-2003-036호)
주소 경기도 파주시 문발로 197(문발동) 우편번호 10881
전화 마케팅부 031)955-3100, 편집부 031)955-3200 | 팩스 031)955-3111

값은 뒤표지에 있습니다.
ISBN 978-89-349-7753-7 04370   ISBN 978-89-349-7754-4 (세트)

홈페이지 www.gimmyoung.com   블로그 blog.naver.com/gybook
인스타그램 instagram.com/gimmyoung   이메일 bestbook@gimmyoung.com

좋은 독자가 좋은 책을 만듭니다.
김영사는 독자 여러분의 의견에 항상 귀 기울이고 있습니다.

어려운 수학을 읽는
새로운 해법

5차원
수학

5 Dimensional
MATHEMATICS

원동연 · 임소영 지음

김영사

2부   수학을 잘하려면

3부   내 삶과 연결된 수학

4부 실전 문제

20년 전 한 권의 책을 내면서 다음과 같이 사람을 길러야 한다고 주장했다. 전인격적 인성인 지력·심력·체력·자기관리 능력·인간관계 능력의 다섯 가지 요소를 전면적으로 갖출 수 있는 5차원 전면교육을 실시해야 하며, 이런 교육을 받은 사람이 인생에서 승리할 힘을 지닐 수 있다고 말했다. 우리는 이런 사람을 다이아몬드칼라라고 불렀다.

　어느덧 20년의 시간이 흘렀다. 그간 우리는 1만 5,000명 이상의 교사, 부모, 전문가가 함께 이 주장이 가능한가에 대해 실험해왔다. 그리고 그 결실이 한국을 비롯해 중국, 몽골, 러시아, 미국 등에서 나타나기 시작했다. 1996년 중국 연변과학기술대학교에서 5차원 전면교육을 실시한 후, 옌지시 2중에서 하위권 학생들이 본 교육을 통해 최상위권으로 올라가기도 했다. 1997년 몽골 밝은미래종합학교에서는 길거리에 버려진 아이들에게 본 교육을 적용해 일반 학교 학생들보다 더 좋은 결과를 얻기도 했고, 2001년에는 몽골의 나차긴 바가반디 대통령과

필자의 면담을 통해 2002년 몽골국제대학교를 설립하고 중앙아시아에서 본 교육을 할 수 있는 근거를 확보했다. 2006년 라오스국립대학교에서 5차원 전면교육을 적용했으며, 2012년 탄자니아연합대학교를 설립하는 등 12개국 이상에서 본 교육을 실시해왔다. 한국에서는 세인고등학교에서 최초로 본 교육을 적용한 이후 벨국제학교 설립, 동두천 중·고등학교의 전면교육 실시, 그리고 미래 인재를 개발하기 위해 설립한 디아글로벌학교를 통해 귀한 열매들을 수확해왔다. 그리고 2017년에는 KAIST 미래전략대학원에서 5차원 전면교육이 수용성 교육이라는 이름으로 국가 미래 교육의 모델로 제시되기도 했다.

이러한 지금까지의 열매를 바탕으로 책을 개정해 출간하기로 결정하고, 우선 다섯 권부터 개정을 시작했다. 첫째, 전인격적 인성 교육을 바탕으로 수용성을 길러줄 핵심 역량이 담긴《5차원 전면교육 학습법》을《5차원 전면교육》이라는 이름으로 재개정했다. 둘째, 창조적 지성을 길러줄 핵심 역량을 배울 수 있는《5차원 독서법과 학문의 9단계》를 수정·보완했으며 셋째, 언어 수용성을 확보해 누구나 글로벌 커뮤니케이션 능력을 기를 수 있는 핵심 역량을 제시한《5차원 영어 학습법》을《5차원 영어》로 보완 재개정했다. 넷째, 수학을 포기한 사람이 '수학이 언어'라는 중요한 개념을 인식함으로써 누구나 수학을 쉽게 이해할 수 있으며, 융합적 능력을 확보하기 위한 핵심 역량을 배울 수 있는《5차원 수학》을 이전에 발간한《대한민국 수학교과서》를 대신해 수정 재개정했다. 다섯째, 바른 세계관을 기를 핵심 역량을 확보할 수 있도록 재설계한《5차원 독서치료》를 재개정했다.

이 책은 융합적 능력을 확보하기 위한 핵심 역량을 배울 수 있는《5차원 수학》이다. 미래 사회에 적응하기 위해서는 융합적 능력이 절대적으로 필요하고, 이는 수학 교육을 통해 효과적으로 훈련할 수 있다. 이런 취지에서 수학적 언어의 이해를 바탕으로 누구나 쉽게 수학을 극복하고 익힐 수 있도록 구성했다.

이 책을 통해 수학을 포기한 사람, 수학을 더 깊이 알기를 원하는 사람, 그리고 수학이란 몇몇 특별한 사람에게만 필요하다고 생각하는 사람이 '수학이란 일생을 살아가면서 실제 삶에 활용할 수 있는 유용하고 귀중한 도구라는 사실'을 깨닫고 일상에서 수학을 유용하게 활용하길 바란다.

참고 영상
〈꼴찌도 일등이 될 수 있다?!〉

수학 교육의 현재와 해결책

우리나라 학생은 초·중·고 시절을 통해 많은 시간 동안 수학을 공부한다. 그런데 공부 시간에 수학 문제만 풀다 보니, 문제 푸는 기술이 뛰어난 학생은 많아도 실제 수학 실력이 높은 학생은 적다. 국제 교육 평가에서 우리나라는 초등학교, 중학교에서는 대체로 높은 성적을 받지만 고등학교부터는 매우 낮은 성적을 받는다. 수학적 사고력 향상보다는 단순히 문제 푸는 기술에 초점을 두기 때문이다. 수학 성적이 좋아도 자연현상이나 실생활에서 일어나는 일을 수학적인 안목으로 이해하고 문제를 해결하는 능력이 부족한 것이다. 일상생활에 수학이 필요한 이유도 모르고 성적만 올리는 학습을 해온 결과이다.

수학이 필요한 이유

수학 교육은 예로부터 인재 교육에 중요한 역할을 해왔다. 고대 이집트와 바빌론은 농업 국가였다. 농업을 위해 수로와 창고를 만들어야 했다. 국가의 세금은 농업 생산물에서 나왔다. 세금을 거두는 역할을 하던 서기관은 업무를 수행하는 데 필요한 수학 교육을 받았는데, 기하학도 중요한 교육 내용이었다.

수학 교육이 깊이를 더하게 된 것은 고대 그리스 시대이다. 기하학을 통해 학생들은 논리적 사고와 독립적 사고를 배우는 동시에 통합적으로 사고하는 법을 배웠다. 고대 그리스에서 수학은 수학으로 그치지 않았다. 철학을 발전시켰고, 미술과 건축, 디자인에도 지대한 영향을 주었다. 오늘날에도 수학은 여전히 중요하며, 인재 교육에 없어서는 안 될 과목이다. 수학은 다음과 같이 중요한 능력을 길러주기 때문이다.

첫 번째로 사고력을 길러준다. 수학적 대상은 눈에 보이는 것이 아니다. 수학은 보이지 않는 관념 속에 존재하는 대상을 다룬다. 따라서 수학은 공부하면 추상적 사고를 할 수밖에 없다. 현상을 일반화해 사고하고, 근원적 사고를 하게 된다. 이런 속성 때문에 수학은 모든 학문의 근본이라고도 말한다.

두 번째로 소통 능력을 길러준다. 이 역시 수학의 특성과 연관이 있다. 수학적 대상은 물리적 대상이 아니고 보이지 않는 관념적 대상이다. 사실 이 점 때문에 많은 학생이 수학을 어려워한다. 그러나 이것이 수학의 힘이다. 추상적인 대상을 다루기 때문에 상대방에게 설득력 있게 설명하는 것이 무척 중요하다. 그러지 않으면 상대방은 내가 무엇을 이야기하는지 이해하기 어렵다. 바른 수학 공부는 소통 능력을 향상해준다.

세 번째로 응용 능력을 길러준다. 수학은 놀랍도록 다양한 현상을 설명하는 데 적합하다. 수학적 능력은 현상을 보고 그 현상에서 질서를 발견해, 그 질서를 수학적 개념과 논리로 설명하는 능력이다. 이러한 능력 때문에 많은 학문이 수학을 도구로 사용한다. 대학에서 많은 학과가 학생들에게 수학을 배우게 하는 이유이다.

네 번째로 융합적 능력을 길러준다. 새로운 도전 과제에는 융합적 능력을 갖춘 인재가 필요하며 수학은 이런 능력을 길러준다. 창의성이란 서로 다른 것을 연결하는 능력이다. 그런 점에서 볼 때 창의성을 융합 능력이라고 할 수 있는데 상상력 없는 창의성은 존재할 수 없다. 상상력은 사유의 원천이자 본질이기 때문이다. 이러한 상상력은 두뇌의 사고 훈련으로 기를 수 있다. 그러므로 사고 훈련을 통해 상상력을 키우고, 상상력을 바탕으로 한 창의성을 길러 융합적 능력을 갖추도록 해야 한다. 인간은 사고를 바탕으로 언어를 창조하고, 사고의 결과인 언어를 통해 자신의 생각을 남에게 전달한다. 언어와 사고는 정확하게 일대일로 맞아떨어지는 관계는 아니지만 양자가 서로 영향을 주고받는 긴밀한 관계를 유지한다. 즉 우리의 언어 사용 능력이 사고에 영향을 미친다. 수학은 인간이 만든 가장 고도의 언어이며, 이 언어를 잘 사용한다면 고도의 사고 능력을 갖출 수 있고, 결국 융합적 능력을 지닐 수 있다.

다섯 번째로 아름다움을 추구하는 능력을 길러준다. 아름다움은 수학에서 아주 중요한 관심사이다. 아름다움은 질서에 대한 감각이라고 할 수 있는데 자연의 질서를 발견하는 도구가 수학이다. 그러므로 수학을 통한 질서의 패턴과 구조를 이해하려는 노력은 아름다움을 추구하는 능력을 길러준다.

미래에 필요한 것은 수학에서 기능적인 것보다 수학 교육을 통해 생기는 감수성이다. 그렇다면 수학 교육은 지금과는 달라져야 할 것이다.

학생이 정말 수학을 즐기고 자신의 것으로 소화할 수 없다면 수학적 감수성을 배양하기 어렵기 때문이다.

첫째, 수학은 사고력을 길러준다.
둘째, 수학은 소통 능력을 길러준다.
셋째, 수학은 응용 능력을 길러준다.
넷째, 수학은 융합적 능력을 길러준다.
다섯째, 수학은 아름다움을 추구하는 능력을 길러준다.

수학이 어려운 이유

이와 같이 중요한 수학을 우리는 왜 잘 못하고 있는 것일까? 한국 수학 교육의 어려움을 대표하는 단어는 아마 '수포자(수학을 포기한 자)'일 것이다. 여러 통계를 보면 수포자의 비율이 급증하는 시기가 중학교 시절임을 알 수 있다.

　수학을 하기 어려운 첫째 이유는 흥미를 잃기 때문이다. 초등학교의 경우 수학 교육 내용에서 학생에게 큰 좌절을 주는 요소가 과거에 비해 많이 줄어들었다. 그러나 중학교에 가면 수학의 성격이나 교육 방법이 갑자기 변한다. 그래서 이를 극복하지 못한 학생은 수학에 흥미가 크게 떨어진다. 게다가 수학은 단계적인 특성이 있어 이전 학년에서 공부를 하지 않으면 다음 학년에 공부를 하려고 해도 매우 힘들다. 그렇기에 고학년으로 올라갈수록 수학을 포기하는 현상이 일어난다.

둘째, 자율적인 학습 능력이 생기지 않기 때문이다. 수학 문제를 풀기 위해서는 논리적 사고방식이 필요하고, 이는 다른 사람이 줄 수 있는 것이 아니다. 많은 부모들이 자녀가 중학교로 올라가기 직전에 선행 학습을 시킨다. 선행 학습은 학생들 스스로 하는 것이 아니라, 학원 등에서 타인을 통해 이루어진다. 이런 방식은 학생에게 자율적 학습 능력을 길러주지 못하고, 이것이 수학을 못하게 하는 또 하나의 요인이 된다. 더구나 이런 방식의 공부를 통해 성적이 올라갔다고 해서 수학적 사고 능력이 생겼다는 뜻은 아니다.

셋째, 수학을 하는 목적을 잃어버리기 때문이다. 학년이 올라갈수록 수학 교육의 초점을 시험 성적 높이는 데만 맞춘다. 시험은 상당 부분 변별력과 연관되기 때문에 자연스러운 문제보다 인위적 문제가 많다. 인위적 문제에 길들면 위험한 점이 많다. 수학 공부의 목적의식을 잃고, 수학에 대한 잘못된 생각을 심어준다.

넷째, 수학 공부를 할수록 지치기 때문이다. 수학 공부가 암기나 계산 요령을 배우는 데 근거하는 경우, 학생은 수학 공부의 의미를 찾지 못한다. 그 결과 공부 때문에 몸과 마음이 지치고, 수학을 포기하게 된다.

수학이 어려운 이유

첫째, 흥미를 잃기 때문이다.
둘째, 자율적인 학습 능력을 기르지 못하기 때문이다.
셋째, 수학을 하는 목적을 잃어버리기 때문이다.
넷째, 수학 공부를 할수록 지치기 때문이다.

해결 방안

이와 같은 네 가지 문제점을 해결하는 방법을 찾는 것이 수학을 잘할 수 있는 방안이다.

첫째, 흥미를 주어야 한다. 수학은 무엇보다 동기부여가 중요한데, 학생이 관심과 흥미를 갖는다면 반은 성공한 셈이다. 수학은 혼자 고민하고 생각하는 시간이 필요하기 때문에 흥미를 갖게 해서 추진력을 키워주어야 한다. 수업 내용이 실생활과 괴리가 있기에 흥미를 유발하지 못한다는 지적도 있다. 이를 극복할 수 있도록 실생활과 연결된 문제를 제공하는 방안도 마련해야 한다. 수학은 좋은 문제와 만나는 것이 필수이다. 그 문제가 학생에게 흥미로워야 하고 학생은 그 답을 궁금해해야 한다.

둘째, 자율적으로 학습하는 능력을 길러주어야 한다. 수학을 포기하는 원인을 보면 수학을 못해서가 아니라, 기본적인 지력이 약하기 때문인 경우가 많다. 그러므로 수학 이전에 정보처리 능력을 향상시켜 스스로 공부할 수 있도록 해야 한다. 수학은 수학이라는 학문 하나만으로 독립되어 있지 않다. 읽고 쓰기를 잘 못하는 학생은 수학도 잘하지 못하고, 읽고 쓰기를 잘하는 학생은 동기부여를 잘하면 수학을 즐기면서 배울 수 있다.

셋째, 수학을 공부하는 목적을 깨닫도록 도와야 한다. 수학이라는 주제는 고립된 것이 아니다. 수학의 발달은 과학과 밀접한 관계가 있다. 고대의 수학도 천문학에 대한 관심이 상당한 견인 역할을 했다. 철학과 수학의 관계도 마찬가지이다. 그래서 학교의 수학 교육에서도 통합적인 접근이 필요하다.

넷째, 수학 공부를 통해서 지치지 않도록 도와야 한다. 학생이 수학을 어려워하는 것은 수학 자체가 어려워서가 아니라, 그들이 이해할 수 없는 어려운 방식으로 가르치기 때문이다. 그러므로 수학 교육 방식을 바꾸어야만 한다.

해결 방안

첫째, 실생활과의 괴리를 줄인다.
둘째, 지적 기본 능력을 향상시킨다.
셋째, 통합적 접근을 한다.
넷째, 학습 방식을 바꾼다.

이 책에서는 수학의 모든 것을 다루지 않는다. 학문에서 '100/10 학습 원리'가 있다. 100/10 학습 원리란 먼저 핵심 내용을 완전히 파악한 뒤 점차 다양한 세부 내용을 정복해나가는 방법을 말한다. 가령 수학에서 배워야 할 내용이 100가지가 있을 때 그 100가지를 한꺼번에 다 가르쳐봤자 별로 효과적이지 않다는 것이다. 수학의 핵심 10가지를 찾아 그것을 먼저 익혀야 한다.

수학에서 가장 중요한 원리 두 가지가 있다. 첫째, 수학은 언어라는 것이다. 정보를 전달하는 언어의 형태에는 세 종류가 있다. 서술적 언어, 그림·도표의 언어, 수학적 언어이다. 자연현상이나 사회현상이라는 정보를 표현할 때는 수학적 언어로 나타내야 간결하고, 문제를 잘 해결할 수 있다. 수학적 언어는 복잡한 현상을 간결하게 표현하는 장점이 있는 반면, 매우 추상적이기 때문에 어렵게 느껴진다. 그런 이유로 이 언어가 의미하는 바가 무엇인지도 모르고 그냥 외워서 수학 공부를 하는 경향이 있는데, 수학적 언어를 서술적 언어와 그림·도표의 언어로 바꾸는 훈련을 하면 수학적 언어의 의미를 알게 된다. 이러한 언어 훈련을 통해 수학을 잘할 수 있는 기초 체력을 기를 수 있다.

둘째, 수학의 핵심은 함수이다. 수학 내용 모든 부분과 가장 깊은 상관관계를 보이는 것이 함수이다. 함수가 무엇인지 잘 이해하고 나머지 수학 내용이 어떻게 함수와 연관되는지 파악하면 초·중·고등학교에서 배우는 수학 지식을 한눈에 볼 수 있어 수학을 보다 쉽게 익힐 수 있다. 이런 방법으로 수학 개념을 정확하게 이해하고, 수학을 언어로 접근해 수학적 언어 훈련을 하면 수학을 잘할 수 있다.

대학 입시에서 수리 논술을 실시한다. 수리 논술의 서술형 평가 영역은 단순한 문제 풀이 능력이 아닌, 특정 현상을 수학적으로 이해하는 수학적 사고력을 평가한다. 이런 논술 문제는 수학을 지속적인 문제 풀이로만 공부한 학생에게는 매우 어렵게 느껴진다. 그러나 수학 원리를 제대로 공부한 학생에게는 그리 어려운 문제가 아니다. 《5차원 수학》에서 제시하는 방법대로 수학을 공부하면 이러한 서술형 수리 논술에도 자신감을 갖게 된다. 자연현상과 사회현상을 바르고 정확하게 이해하고 분석하는 수학적 사고력을 향상할 수 있기 때문이다. 이 책이 수학을 공부하는 학생이나 학부모, 혹은 선생님에게 도움이 되기를 간절히 바라고, 또 그렇게 될 수 있을 것이라고 확신한다.

1부
—

수학이란
무엇인가

1

수학은 언어이다

① 세 가지 언어의 종류

언어란 정보를 전달하는 도구로, 수학은 하나의 언어이다. 언어의 종류에는 세 가지가 있다. 하나는 서술적 언어로, 일상생활에서 가장 많이 사용하는 언어이다. 가정이나 직장에서 주고받는 대화는 서술적 언어로 이루어진다. 또 하나는 그림 · 도표 언어이다. 서술적 언어로 정보를 충분히 전달하지 못할 때 그림 · 도표 언어가 더욱 명확하게 정보를 전달할 수 있다.

내가 남자친구의 외모를 엄마에게 이야기한다고 하자. "키는 175cm이고 좀 뚱뚱한 체형이며, 눈이 작고 눈썹은 짙고……"라며 서술적으로 설명한다. 그러면 엄마는 대충 어떠한 모습일지 알 수는 있지만, 길을 지나가다 그 사람을 만나면 알아보지 못할 것이다. 그러나 내가 엄마에게 사진을 보여준다면 엄마는 남자친구의 외모를 쉽게 알 수 있다.

대통령 선거 개표가 진행 중일 때 뉴스에서는 A가 14만 5,890표, B 가 3만 8,407표, C가 83만 387표를 획득했다고 말(서술적 언어)뿐 아 니라 그림으로도 보여준다. 그러면 정보가 더 명확해지기 때문이다.

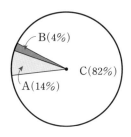

서술적 언어, 그림·도표 언어와는 또 다른 차원의 언어가 있다. 그 것이 바로 수학적 언어이다. 갈릴레오는 물체가 땅에 떨어지는 현상을 관찰했다. 이 현상을 어떤 방법으로 설명하는 것이 좋을까?

"물체를 떨어뜨리면 1초 후에는 $\frac{1}{2} \times 9.8 \times 1$의 위치에 있고, 2초 후에는 $\frac{1}{2} \times 9.8 \times 4$의 위치에 있고, 3초 후에는 $\frac{1}{2} \times 9.8 \times 9$에 위치 합니다. 그러니까 물체를 떨어뜨리면 어떤 시간에는 그 시간의 제곱 에 9.8을 곱하고 $\frac{1}{2}$을 곱한 그 위치에 있게 됩니다"라고 설명하는 것 이 좋을까? 아니면 물체가 떨어지는 현상을 매초 사진을 찍어 보여주 는 것이 좋을까?

이 현상을 아주 간략하게 표현할 수 있다. 물체가 떨어지는 현상을 수학적 언어로는 $y = \frac{1}{2} \times 9.8 \times t^2$과 같이 매우 간단하고 명료하게 표 현할 수 있다.

수학에서 사용하는 개념은 대부분 이 세 가지 언어로 표현할 수 있다. 원을 세 가지 언어로 표현해보자. 우선 서술적 언어로 표현하면, 한 점에서의 거리가 일정한 점을 모아놓은 것이라고 할 수 있다. 그림 · 도표 언어로 표현하려면 동그란 원을 그리면 된다. 또 수학적 언어로 표현할 수도 있다. $x^2+y^2=1$(중심은 원점, 반지름은 1인 원)과 같이 표현할 수 있다.

서술적 언어	그림 · 도표의 언어	수학적 언어
원점에서 거리가 1인 점의 모임		$x^2+y^2=1$

이처럼 정보를 서술적 언어, 그림 · 도표 언어, 수학적 언어로 표현할 수 있다. 정보의 특성에 따라 서술적 언어로 표현하는 것이 이해하기 쉬울 때도 있고, 그림 · 도표 언어나 수학적 언어로 표현하는 것이 유용할 때도 있다. 그런데 만일 우리가 이런 정보를 수학적 언어로 표현할 수 있다면 매우 큰 지적인 힘을 얻는 것과 같다.

그러므로 수학을 잘하기 위해서는 그저 수학 문제를 많이 풀어보는 것으로는 부족하다. 수학적 언어를 이해하는 훈련이 필요하며, 이 같은 훈련을 통해 사고 능력을 향상할 수 있다. 그런데 수학을 배우는 것이 결코 어려운 일이 아닌 분명한 이유가 있다. 외국어를 배우려면 문법도 많이 알고, 단어도 수천 개 알아야만 한다. 하지만 수학은 기껏해야 100단어 내외의 어휘만 알면 그 언어를 사용할 수 있다. 그래서 수학은 전 세계 초등학생부터 대학생까지 함께 사용할 수 있는 언어가 된 것이다.

수학은 언어이고, 수학에서의 사고 과정이란 어떤 언어를 다른 종류의 언어로 바꾸는 과정이다.

② 수학적 언어의 힘

서술적 언어로 정보를 충분히 전달하지 못할 때 그림·도표 언어와 수학적 언어가 매우 유용하다. 이 중에서도 수학적 언어는 자연 세계의 현상이나 실생활의 현상을 간결하게 표현해주며, 이를 통해 어떤 문제를 쉽게 해결해준다. 특히 자연 세계에는 규칙이 있는데, 자연 세계를 표현해주는 언어가 바로 수학적 언어이다.

앞에서 낙하 현상을 $y = \frac{1}{2} \times 9.8 \times t^2$이라는 수학적 언어로 표현했다. 이 짧은 식에는 어마어마한 정보가 함축되어 있다. 어떤 물체를 떨어뜨렸을 때 1초 후, 2초 후, 3초 후, 4초 후, 5초 후의 위치뿐 아니라 1.001초 후, 3.8초 후, 10,000초 후 등 시간마다 물체가 어디에 있는지 모두 표현한 식이다. 그뿐 아니라 물체가 떨어질 때 속력은 어떻게 변화하고, 매초 물체의 속력에 대한 모든 정보도 담고 있다. 이처럼 수학적 언어를 사용하면 자연 세계나 실생활의 현상을 매우 간결하게 표현할 수 있다.

실제로 이런 현상을 연구하는 사람은 이 현상에 대해 말할 때 서술적 언어를 사용하지는 않는다. 서술적 언어로 설명하려면 아마도 다음과 같이 설명해야 할 것이다.

낙하 현상에 대해 설명해보겠습니다. 물체를 떨어뜨리면 물체는 아래로 떨어지지요. 1초 후에는 물체가 $\frac{1}{2} \times 9.8 \times 1^2$에 있고, 2초 후에는 $\frac{1}{2} \times 9.8 \times 2^2$, 3초 후에는 $\frac{1}{2} \times 9.8 \times 3^2$의 위치에 있게 됩니다. 또 1.001초 후에는 $\frac{1}{2} \times 9.8 \times 1.001^2$에 있고 3.8초 후에는 $\frac{1}{2} \times 9.8 \times 3.8^2$의 위치에 있게 되지요. 그러니까 어떤 물체를 떨어뜨리면 그 시간의 제곱에 9.8을 곱하고 $\frac{1}{2}$을 곱한 그 위치에 있게 됩니다. 또 이 물체가 떨어질 때의 속력은 1초 후에는 9.8×1이고 2초 후에는 9.8×2이지요. 속력은 시간에 9.8을 곱하면 됩니다. 결국 시간이 갈수록 속력이 빨라진다는 것이죠. 또 속력이 어느 정도로 변화하느냐면…….

이런 식이라면 하나의 현상을 설명하는 데 하루가 걸릴지도 모른다. $y = \frac{1}{2} \times 9.8 \times t^2$인 현상이라고 말해도 수학적 언어를 아는 사람은 위에서 설명한 것을 모두 알게 된다. 수학적 언어를 아는 사람은 이처럼 매우 많은 정보를 간단명료하게 표현할 수 있고, 간단한 식을 보고도 이 식에 포함된 엄청난 양의 정보를 순식간에 알아차린다.

수학적 언어는 어떤 복잡한 현상을 간단하게 표현할 수 있다는 이점 이외에도 문제를 해결할 수 있는 힘을 가지고 있다. '물체가 떨어질 때 어느 정도의 빠르기로 떨어질까?'라는 문제를 해결할 때, 이 현상을 서술적 언어로만 표현했다면 아마 물체의 빠르기도 일일이 측정해야만 알 수 있을 것이다.

$y = \frac{1}{2} \times 9.8 \times t^2$과 같이 표현하면, 물체가 떨어질 때 매 시간의 빠

르기를 바로 구할 수 있다. 빠르기는 이 식을 미분하면 되기 때문에 $y = 9.8 \times t$임을 바로 알 수 있다. 즉 1초 후에는 속력이 9.8이고, 2초 후에는 9.8의 2배, 3초 후에는 9.8의 3배라는 것이다. 이처럼 어떤 현상을 수학적 언어로 표현하면 문제를 매우 쉽게 해결할 수 있다.

③ x수학

일반적으로 수학은 어렵다고 생각하지만 결코 어려운 학문이 아니다. 수학은 언어의 한 종류일 뿐이다. 하지만 현실적으로 수학 문제에 부딪치면 결코 쉽게 느껴지지 않는다. 그 이유는 x라는 문자 때문이다.

우리가 아주 쉽다고 생각하는 1, 2, 3, 4 등의 숫자가 탄생하기까지 수천 년이 걸렸다. 그리고 이런 자연수가 생긴 후 0이라는 숫자가 만들어지는 데 수백 년이 걸렸다. 존재하지 않는 것을, 존재하는 0이라는 숫자로 표시하기 위해서는 인간의 사고를 한 단계 높이는 에너지가 필요했기 때문이다.

이런 숫자를 모아 식을 만들었다. '달걀을 12개씩 담을 수 있는 그릇이 4개 있으면 모두 몇 개의 달걀을 담을 수 있을까?'라는 문제는 $12 \times 4 = 48$이라는 식으로 만들 수 있다. 이런 생각이 확장되면 '달걀을 60개 담으려면 몇 개의 그릇이 필요한가?'라는 말은 $12 \times \square = 60$이라는 식에서 $\square$가 얼마인지 찾으라는 문제이고, 답은 5이다. 그런데 이런 식을 x라는 문자를 사용해 $12x = 60$이라고 바꾸어놓으면 갑자기 어려운 수학 문제처럼 인식하게 된다. 그보다 한 걸음 나아가 $x^2 - x = 6$이라는 식으로 만들어놓고 문제를 풀려고 하면 머리가 혼란해진다.

그 이유는 x가 미지수를 나타내는 문자라고 쉽게 이야기하지만, 그 본질의 의미를 이해하는 것이 어렵기 때문이다. x가 들어 있는 문제를 많이 접했다고 해서 그 뜻을 아는 것도 아니다. 수학의 역사를 보더라도 이런 개념을 인류가 인식하는 데 수백 년이 걸렸다. 본 책은 이와 같이 매우 어려운 개념인 x를 바르게 정립하는 방법을 제시했다. 그리고 이런 훈련을 통해 수학적 언어인 식을 바르게 이해함으로써 누구나 쉽게 수학을 잘할 수 있도록 했다.

다시 말해서 수학이 어렵게 느껴지는 이유는 수학적 언어가 매우 추상적이고 함축적이기 때문이다. 앞에서 낙하 현상을 수학적 언어로 표현하면 $y = \frac{1}{2} \times 9.8 \times t^2$이라고 했다. 그런데 이 식이 포함한 정보의 양이 매우 많다는 것을 앞에서 살펴보았다. 그 수많은 정보를 짧은 식에 함축적으로 표현했기 때문에 매우 간단하게 표현할 수 있다는 장점이 있는 반면, 매우 어렵게 느껴지기도 한다. 또 시간이나 거리라는 표현 대신 사용하는 y, x 같은 문자 자체가 추상적인 표현이기에 어렵게 느껴진다. 그러나 이는 함축적이고 추상적인 언어를 구체적인 언어인 서술적 언어와 그림·도표 언어로 변환하는 훈련을 통해 익숙해지면 그리 어려운 것이 아님을 알 수 있다. 우리는 이미 이 식을 서술적 언어로 표현해봤기 때문에 이 식이 의미하는 바를 알고 있다. 이처럼 수학적 언어를 접했을 때, 그것이 의미하는 바가 무엇인지만 알면 수학은 쉬워진다. 도리어 매우 복잡한 현상을 간단명료하게 표현해주고 문제를 해결해주는 매우 유용한 언어이다.

컴퓨터에서 파일을 전송할 때도 정보가 너무 많은 파일은 압축해서 전송한다. 파일을 압축하면 더욱 쉽게 전송할 수 있기 때문이다. 그러나 압축한 파일을 보기 위해서는 압축을 풀어야 한다. 수학적 언어를 압축된 언어라고 볼 수 있다. 언어 훈련을 통해 압축한 언어를 풀 수 있는 프로그램이 머리에서 작동한다면 수학은 더 이상 어렵지 않다.

결국 수학을 공부한다는 것은 수학적 언어의 의미를 안다는 것을 말하며, 수학의 함축적 언어가 의미하는 바를 배우지 않고는 수학을 잘할 수 없다는 것을 뜻한다.

예를 들어 살펴보자. 섭씨온도와 화씨온도의 관계를 나타내는 식은 $c=\dfrac{5}{9}(f-32)$이다. 이 식이 무엇을 의미하는지 익히지 않고 '이 식은 $c=\dfrac{5}{9}(x-32)$라는 일차함수이고, 이 일차함수의 기울기는 $\dfrac{5}{9}$이며, 이 일차함수의 x절편은 32이다. 기울기는 x 앞에 붙어 있는 숫자를 말하고 x절편은 y가 0일 때 x값을 구하는 것을 말한다. 그러니까 앞으로 $y=ax+b$라는 일차함수가 있을 때 기울기는 a이고, x절편은 $-\dfrac{b}{a}$이다'라고 배운다면 수학은 나오는 전혀 상관없는 매우 어려운 것으로 느껴질 것이다.

이는 school이란 말을 가르칠 때 "학교"라고 가르쳐주면 쉬운데, 그렇게 하지 않고 "school이 있는데 거기는 아이들이 가는 곳이다"라고 말해주는 것과 다름없다. 그러면 학생은 '그것이 극장인가' 하고 생각한다. "그곳은 사람들이 한꺼번에 모이는 곳이다"라고 덧붙여 말해주면 '수영장인가' 하고 생각한다. "거기에는 선생님이 있어"라고 더 설명해주어야 '아, 학교인가 보구나!'라고 깨닫는다.

이처럼 현재 수학 수업에서는 그 언어의 의미를 가르쳐주는 것이 아니라, 주변 얘기만 하기 때문에 학생이 수학 내용을 정확하게 이해하지 못한다. 수학은 단순히 외워야 하는 공식이 아니다. 언어를 익히듯 수학적 언어의 의미를 알면 이해하게 되는 것이다.

앞의 섭씨온도와 화씨온도의 관계식이 의미하는 바는 이렇다. 화씨온도에서 32를 빼고 $\frac{5}{9}$를 곱하면 섭씨온도이다. 그러므로 만약 미국에서 온도가 77℃라면, 77에서 32를 빼고 거기에 $\frac{5}{9}$를 곱하면 25이므로 우리나라에서는 섭씨 25℃라고 이야기한다는 의미이다.

고등학교에서는 미분과 적분을 배운다. 미분과 적분을 수학의 꽃이라고 말하는 사람도 있다. 그런데 아이들에게 "미분이 뭐니?"라고 물으면 대부분 이런 대답을 한다. "미분요? 글쎄요, 그냥 $y=x^2-3x+2$라는 식이 있을 때 미분 공식에 대입하면 $y=2x-3$이 되는 거요. 그게 미분 아닌가요?" 이런 말도 앞에서 이야기한 것 같이 school이란 말을 가르칠 때 "학교"라고 말해주지 않고 그냥 "아이들이 가는 곳이다"라고 말해주는 것과 크게 다르지 않다.

그러면 미분이란 개념이 의미하는 바는 무엇일까? 내가 가지고 있는 땅을 다른 사람에게 팔려고 한다. 땅 면적을 알아내 가격을 정하려 하는데, 땅 모양이 네모도 아니고, 원도 아니고 울퉁불퉁 불규칙하다. 어떻게 하면 땅 넓이를 구할 수 있을까?

사각 벽돌만 있으면 이 땅의 넓이를 구할 수 있다. 우선 다음 그림과 같이 땅 안에 가로세로 1m인 벽돌을 놓아보자. 초록색 부분만 남기고 다 채워놓았다. 그리고 벽돌을 다시 모아 수를 헤아려보았더니 150개였다. 그러면 그 땅의 넓이는 150m²보다 조금 더 크다고 할 수 있다. 더 정확한 넓이를 알기 위해서는 그 벽돌의 크기를 쪼개면 된다. 즉 가로 1m, 세로 0.5m 되는 벽돌로 채워보았더니 320개가 되었다. 그러면 그 땅의 넓이는 160m²보다 조금 더 크다고 할 수 있다. 이렇게 해서 이론상으로는 이 벽돌을 작게, 더 작게 나누면 땅의 정확한 넓이를 알 수 있다.

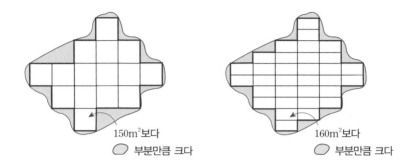

150m²보다
⬬ 부분만큼 크다

160m²보다
⬬ 부분만큼 크다

　이것이 바로 수학에서의 미분과 적분이다. 벽돌을 작게 '나눈다'를 한자로 표현한 것이 미분微分이다. '미세하게 분할한다'라는 뜻으로 미분이라고 한다. 그리고 쪼갠 것을 다 모아 몇 개인지 세어보아야 하는데, 이를 학문적으로 얘기하면 적분積分(나눈 것을 합산한다)이다. 어떻게든 무한대로 작게 잘라 모을 수 있으면 어떤 형태이든지 넓이를 구할 수 있다. 이것이 미적분학의 가장 중요한 기본 개념이다.

　그런데 미적분을 말할 때마다 이렇게 땅과 벽돌 얘기를 하면 긴 시간 동안 얼마 안 되는 내용밖에 얘기할 수 없을 뿐만 아니라 학문의 발전을 기대할 수 없다. 그래서 이러한 내용을 아주 일반화해 나타낼 수 있는 새로운 언어가 필요한 것이고, 수학자들이 이 필요에 따라 만들어낸 것이 수학적 언어이다. 덕분에 앞에서 길게 얘기한 내용을 수학적 언어로 간단하게 나타낼 수 있다.

$$s = \int_a^b f(x)dx$$

넓이 S는 $f(x)$라는 땅 모양을 dx(나눈다는 의미)로 나누고 이것을 $\int$(이것은 모은다는 뜻의 integral을 나타냄)로 모은다는 의미이다. 즉 넓이 는 어떤 것을 나누어 모은 것이 된다는 의미를 수학적 언어를 통해 표현한 것이다.

이처럼 수학적 언어를 사용하면 서술적 언어로 10분 동안 설명할 것을 단 몇 초 만에 표현할 수 있다. 이렇게 새로운 언어를 이용하면 정보를 훨씬 더 쉽게 주고받을 수 있다. 그래서 수식을 사용하는 것이다. 수학은 자연현상에서 일어나는 개개의 것을 한 번에 모두 표현하기 위해 극도로 추상화된 새로운 언어로 나타낸 것이다. 이처럼 수학이 새로운 언어라는 것을 알고 접근하면 수학을 좀 더 쉽게 이해할 수 있다.

수학 학습의 방향성

많은 사람이 규칙을 외우고 기계적인 계산 능력을 발전시키는 것이 효과적인 수학 학습법이라고 생각하지만 이는 잘못된 가르침이다. 진정한 교사는 학생에게 생각하는 방법을 가르쳐서 이해하도록 만드는 데 초점을 맞춘다. 배운 것을 이해하지 못하고 기술만 배운 사람은 그 기술을 진정으로 활용할 수 없다. 그리고 생각하지 못하면 정확하게 계산할 수도 없다.

수학 문제를 잘 푸는 요령을 익혀 수학 성적이 높아졌더라도, 수학적 사고 능력이 생기지 않았다면 진정 수학을 잘하는 사람이라고 할 수 없다.

2

수학은 함수를 알면 쉽다

❶ 함수란 무엇인가

앞 장에서 수학이 언어임을 살펴보았다. 이번에는 초·중·고등학교에서 어떤 내용을 배우는지 알아보자. 수학에서 많은 것을 배우는 것 같지만 크게 보면 수와 연산, 문자와 식, 규칙성과 함수, 확률과 통계, 도형, 측정, 행렬, 수열, 미분, 적분으로 볼 수 있다.

프롤로그에서 설명한 100/10 학습 원리를 적용해보자. 수학의 내용 중에서 나머지 영역과 가장 상관관계가 높은 것은 어떤 영역일까? 바로 함수이다. 그러므로 함수에 대해 아는 것이 매우 중요하다.

함수란 무엇일까? 우리는 이미 앞 장에서 함수를 접했다. 물체가 낙하하는 현상은 $y = \frac{1}{2} \times 9.8 \times t^2$으로 표현했는데, 이러한 것이 바로 함수이다.

함수를 쉽게 이해하기 위해서《황금 알을 낳는 거위》라는 이솝 우화를 떠올려보자. 마음씨 착한 농부에게 거위 한 마리가 생겼다. 열심히 먹이를 먹이고 돌본 결과 어느 날 알을 낳았는데, 황금 알이었다. 이 농부는 그 황금 알을 모아 내다 팔아 아주 큰 부자가 되었다. 부자가 된 농부가 하루는 거위를 바라보며 곰곰이 생각해보았다. 알을 매일 하나씩만 낳으니 속이 탔다. 농부는 거위의 배 속을 가르면 아주 많은 황금이 들어 있을 것이라 생각하고 거위 배를 갈라 열어보았다. 그러나 거위의 배에 황금은 없었다. 그저 보통 거위의 배 속과 똑같았다. 그 모습을 본 부자는 크게 후회했다. 더 큰 욕심을 부리다가 그마나 하루 한 알도 얻지 못하게 된 것이다.

이 우화 속 거위의 먹이와 거위가 낳는 알의 관계를 통해 함수에 대해 생각해보자. 황금 알을 낳는 거위가 세 마리 있다고 하자. 거위 한 마리는 사과 1개를 주면 황금 알을 1개 낳는다. 사과 2개를 주면 황금 알을 2개, 3개를 주면 3개를 낳는다. 다른 한 마리는 사과 1개를 주면 알을 2개 낳고, 사과 2개를 주면 알을 4개 낳는다. 사과 3개를 주면 6개를 낳는다. 또 다른 한 마리는 사과 1개를 주면 1개를 낳고, 사과 2개를 주면 4개를 낳는다. 그리고 사과 3개를 주면 9개를 낳는다. 이것을 그림·도표 언어로 표현하면 다음과 같다.

먹이로 준 사과 개수	1	2	3
거위 1이 낳은 황금알	1	2	3
거위 2가 낳은 황금알	2	4	6
거위 3이 낳은 황금알	1	4	9

이 이야기를 수학적 언어로 나타내면 다음과 같다.

거위 1: $y=x$

거위 2: $y=2x$

거위 3: $y=x^2$

이 세 가지 표현 방식 중 어느 것이 간단하면서도 정확한 의미를 전달할 수 있는가? 그것은 수학적 언어를 사용했을 경우이다. 수학적 언어를 사용하면 훨씬 더 명확하고 간단하게 거위 얘기를 할 수 있다. 황금 알을 낳는 거위 얘기를 하면서 서술적 언어로 하면 20분 설명해야 할 것을 그림이나 도표로 나타내면 보다 간략하고 쉬워지며, 수학적 언어로 표현하면 아주 간단하게 이해할 수 있다.

먹이를 줄 때 황금 알을 몇 개 낳는 거위인지 특성을 표현한 것이 바로 함수이다. 여러 복잡한 자연현상과 사회현상을 함수로 간단하게 표현할 수 있다. 거위 한 마리는 어떤 현상을 나타낸다. 함수의 종류는 매우 다양한데, 함수 종류가 많은 것이 아니라 기존에 발견하지 못한 현상을 발견하고, 그 현상을 표현하려다 보니 다양한 함수가 생겨난 것이다.

이웃집에도 거위 세 마리가 있다. 거위 한 마리에게 사과 1개를 먹이면 황금 알을 10개 낳는다. 사과 2개를 먹였더니 100개의 황금 알을 낳고, 3개를 먹이면 1,000개의 황금알을 낳았다. 이런 거위 한 마리만 있으면 농부는 부자가 될 것이다.

다른 한 마리는 사과를 1개 먹였더니 알을 하나도 낳지 않고, 10개를 먹였더니 겨우 1개를 낳았다. 그리고 100개를 먹였더니 그제야 알을 2개 낳았다. 1,000개를 먹였더니 3개를 낳았다. 이런 거위를 키운다면 그 집은 망할지도 모른다. 또 다른 한 마리는 사과를 1개 먹었더니 알을 1개 낳고, 1.2개를 먹여도 1.8개를 먹여도 알을 1개 낳았다. 사과를 2개, 2.5개, 2.8개를 먹였더니 알을 2개 낳았다. 이것을 그림 · 도표 언어로 표현하면 다음과 같다.

먹이로 준 사과 개수	1	2	3
거위 4가 낳은 황금 알	10	100	1,000

먹이로 준 사과 개수	1	10	100	1,000
거위 5가 낳은 황금 알	0	1	2	3

먹이로 준 사과 개수	1	1.2	1.8	2	2.5	2.8
거위 6이 낳은 황금 알	0	1	1	2	2	2

이 거위를 수학적 언어로 표현하면 어떻게 될까? 거위 5를 표현하기 위해서 log라는 기호를 만들었다. $\log 1 = 0$, $\log 10 = 1$, $\log 100 = 2$와 같이 log라는 기호를 만들어 사용하면 거위를 $y = \log x$라고 표현할 수 있기 때문이다. 그리고 거위 6을 표현하기 위해 $[x]$ 같은 기호를 만들었다. 이 함수는 기호를 만든 사람 이름을 따 가우스 함수라고 부른다.

거위 4: $y = 10^x$

거위 5: $y = \log x$

거위 6: $y = [x]$

이처럼 새로운 함수가 생겨나는 이유는 기존의 식으로는 표현할 수 없는 거위를 발견했기 때문이다. 함수는 거위의 먹이와 알의 관계를 나타낸다. 거위에게 먹이를 먹였을 때 몇 개의 알을 낳느냐가 가장 중요하다. 그런데 실제로 함수를 공부할 때 여기에 초점을 두지 않고 거위의 눈이 어떤 색인지, 깃털은 어떻게 생겼는지 등을 모두 다루다 보니 함수가 복잡하고 어렵게 느껴진다.

함수에서 '함'은 box, 곧 black box를 의미한다. "함 사세요" 할 때의 함, 보석함 할 때의 그 함 자 말이다. 그래서 함수를 설명할 때 거위 대신 상자를 그리기도 할 것이다. 상자 하나는 거위 한 마리와 같다. 즉 어떤 현상을 말한다. 상자 위의 구멍에 숫자를 넣으면 상자 아래 구멍으로 숫자가 나온다. 거위에게 먹이를 먹이면 알을 낳는 것과 같다.

거위 1을 상자 1이라고 하자. 상자 1에 1을 넣으면 1이 나오고, 2를 넣으면 2가 나온다. 3을 넣으면 3이 나온다. 상자 1은 어떤 숫자를 넣으면 그 수와 같은 숫자가 나오는 상자이다.

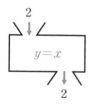

앞에서, 시간에 따른 물체의 위치라는 현상을 수학적 언어로 표현한 것을 함수라고 했다. 1초 후에는 물체가 $\frac{1}{2} \times 9.8 \times 1^2$에 있고, 2초 후에는 $\frac{1}{2} \times 9.8 \times 2^2$, 3초 후에는 $\frac{1}{2} \times 9.8 \times 3^2$ 위치에 있다. 어떤 물체를 떨어뜨리면 그 시간의 제곱에 9.8을 곱하고 $\frac{1}{2}$을 곱한 그 위치에 있게 된다.

수학에서는 낙하 현상 자체를 다루지는 않기 때문에 그냥 검은 상자로 표현해보자. 이 상자에 1을 넣으면 $\frac{1}{2} \times 9.8 \times 1^2$이 나오고, 2를 넣으면 $\frac{1}{2} \times 9.8 \times 2^2$이 나오고, 3을 넣으면 $\frac{1}{2} \times 9.8 \times 3^2$이 나온다. 이 상자는 어떤 수를 넣으면 그 수의 제곱에 9.8을 곱하고 $\frac{1}{2}$을 곱한 수가 나오는 상자인 것이다.

② 함수는 수학적 언어인 식으로 표현한다

지금까지 여러 종류의 함수를 살펴보았다. $y = x, y = x^2$처럼 함수는 수학적 언어인 식으로 표현한다. 식의 종류가 곧 함수의 종류이다. 식을 잘 다루어야 함수를 다룰 수 있게 된다. 그런 의미에서 식은 함수와 깊은 상관관계가 있다. 중·고등학교 교육과정에서 식과 관련한 단원은 방정식, 부등식, 식의 계산으로 나눌 수 있다. 여기서 방정식은 함수와 밀접한 관계가 있다.

어떤 상자가 있다고 하자. 이 상자를 식으로 표현하면 $y = 3x + 5$이다. 그러면 이 상자에 어떤 수를 넣으면 0이 나올까? 이 문제를 해결하는 것이 바로 방정식을 푸는 것이다. 이 상자가 일차함수이면 일차방정식을 푸는 것이고, 이 상자가 이차함수이면 이차방정식을 푸는 것이다.

부등식도 마찬가지이다. 이 상자에 어떤 수를 넣으면 0보다 큰 수가 나올까 하는 문제를 해결하는 것이 부등식을 푸는 것이기 때문이다.

마지막으로 식을 계산하는 것은 이러한 의미가 있다. 즉 똑같은 식을 다르게 표현하면 문제가 아주 쉽게 해결된다. 그래서 수학에서 식을 계산하는 훈련을 많이 하는 것이다.

함수는 식으로 표현한다고 했다. 그런데 식은 문자·수·사칙연산·등호(부등호)로 구성되어 있다.

사칙연산은 덧셈, 뺄셈, 곱셈, 나눗셈이다. 뺄셈은 덧셈을 거꾸로 하는 것이고, 곱셈은 여러 번 더하는 것을 쉽게 해준다. 나눗셈은 곱셈을 거꾸로 하는 과정이다.

문자는 이런 의미가 있다. 어떤 상자가 있는데 여기에 1을 넣었더니 2가 나오고, 2를 넣었더니 4가 나오고, 3을 넣었더니 6이 나온다. 다시 말해 이 상자에 어떤 수를 넣으면 그 수에 2배 한 수가 나오는 함수가 있다. 이 함수를 어떻게 표현할까?

서술적 언어로 표현하면 너무 길기 때문에 이렇게 표현할 수 있다. 들어가는 수를 세모라 하고 나오는 수를 네모라 하자. 그러면 이 상자는 ■=2▲와 같이 표현한다. 그런데 유명한 수학자가 이를 $y=2x$처럼 나타냈다. 세모, 네모로 표현하는 것과 x, y로 표현한 두 식은 같은 것이다. 그런데 네모, 세모로 표현하면 매우 쉽다고 생각하고 x, y와 같은 문자가 있으면 어렵다고 느끼는 학생이 많다. x, y가 들어가는 것은 단지 세모, 네모 대신 표현한 것임을 알면 된다.

상자에 어떤 수를 넣으면 그 수에 2배 한 수가 나온다는 말은 상자에 넣는 수의 2배와 상자에서 나오는 수가 같다는 뜻이다. $y=2x$처럼 등호를 이용해 식을 연결할 수 있다.

이제 수를 살펴보자. 우리는 초등학교부터 고등학교까지 여러 종류의 수를 배운다. 수에는 자연수, 정수, 유리수, 무리수, 실수, 허수가 있다. 사람들이 자연수밖에 사용하지 않던 시절이 있었다. 그런데 살다 보니 자연수만으로는 표현할 수 없는 일이 생겨났다. 예를 들면, 빵을 월급으로 나누어주려고 하다 보니 1보다 작은 수가 필요해 분수를 사용했다. 또 $2-5$ 같은 식을 계산할 필요가 생겨 -3 같은 음수도 사용하게 되었다.

유리수만 사용하던 시절도 있었다. 그리스의 유명한 수학자 피타고라스가 살던 당시만 해도 유리수만 사용했다. 피타고라스학파는 수는 모두 유리수라는 가정하에 수많은 수학 이론을 정립하기도 했다. 그런데 히파수스라는 수학자가 유리수만으로는 표현할 수 없는 현상을 발견했다. 한 변의 길이가 1인 정사각형의 대각선 길이는 유리수로 표현할 수 없었던 것이다. 이 사실은 당시 사람들에게 매우 충격적인 사건으로, 이를 은폐하기 위해 히파수스를 사형에 처했다는 설도 있다.

수는 이런 식으로 아주 오랜 시간에 걸쳐 조금씩 확장되었다. 함수는 자연현상이나 사회현상을 표현하는 도구이다. 다양한 현상을 표현하기 위해서는 다양한 수가 필요하다. 허수라는 수가 있다. 이 수는 실제로 존재하지 않는 수이다. 그럼에도 허수를 사용하는 이유는 허수를 사용해야 표현할 수 있는 현상이 있기 때문이다. 전기적 현상에서는 이와 같은 허수를 사용해야만 함수를 만들 수 있다. 허수를 모른다면 함수로 표현할 수 없다. 수는 일종의 어휘이다. 어휘가 풍부해야 다양한 언어를 구사할 수 있는 것처럼, 자연 세계의 다양한 현상을 함수로 표현하기 위해서는 여러 종류의 수가 필요하다.

3

함수의 다양한 형태

함수는 자연현상이나 사회현상을 수학적 언어로 표현한 것이다. 그런데 이러한 현상 하나하나를 연구하고 분석하는 것은 주로 과학이나 경제 등의 학문이 담당한다. 수학이라는 언어를 통해서 말이다. 수학에서는 이러한 현상을 직접 다루지 않는다. 그래서 수학이 실생활과 동떨어진 것처럼 느껴진다. 그러나 수학은 실제 현상을 표현하는 언어이기에 현실적인 삶과 깊은 관계가 있다.

우리가 배우는 함수가 실제로 어떤 현상을 표현한 것인지 안다면 함수를 더 잘 이해할 수 있다. 그래서 이번에는 다양한 함수가 어떤 현상을 표현한 언어인지 살펴보자.

1. 이동 거리

서울에서 부산까지 시속 90km를 유지하며 고속도로를 달리고 있다. 그러면 1시간 뒤엔 90km를 가고 2시간 뒤엔 180km, 3시간 뒤엔 270km를 간다.

즉 '이동 거리=90 × 걸린 시간'이다. 이 현상은 $y=90x$인 함수의 식으로 표현된다.

시간	1	2	3	4
이동 거리(km)	90	180	270	360

2. 수소의 부피

물은 수소와 산소로 이루어져 있다. 수소와 산소의 부피가 불규칙하게 섞여 있는 것이 아니라 산소의 부피가 10ml이면 수소의 부피는 20ml이고, 산소의 부피가 20ml이면 수소의 부피는 40ml이다. 산소와 수소의 부피비가 1:2의 비율로 물이 생성되는 것이다.

즉 '물에 있는 수소의 부피=2×물에 있는 산소의 부피'이다. 이 현상은 $y=2x$인 함수의 식으로 표현된다.

산소의 부피(ml)	10	20	30	40
수소의 부피(ml)	20	40	60	80

3. 택배 비용

A시에서 B지역으로 화물을 보낼 때, 어느 택배 회사의 택배 요금은 다음과 같다. 5kg까지는 3,000원이고, 5kg을 초과하는 화물에 대해서는 5kg마다 2,000원씩 가산한다. 화물에 대해서 택배비가 얼마인지 계산해보자.

5kg일 때는 3,000원이고 10kg일 때는 5,000원, 15kg일 때는 7,000원, 20kg일 때는 9,000원이 된다. 무게가 5 이상일 때 '택배비$=400\times$(무게$-5)+3000$'이다. 즉 $y=400(x-5)+3000$이다. 이 현상은 $y=400x+1000(x\geq5)$인 함수의 식으로 표현된다. 식으로 표현하면 무게가 얼마든지 간에 택배비를 빠르게 계산할 수 있다.

무게(kg)	5	10	15	20
택배비(원)	3,000	5,000	7,000	9,000

4. 제동 거리

자동차를 타고 달리다가 브레이크를 밟으면 자동차는 정지한다. 그러나 브레이크를 밟자마자 바로 서는 것은 아니다. 어느 정도 더 달리다가 멈추어 선다. 이런 현상을 관찰해보았다. 자동차의 속력이 32km일 때는 브레이크를 밟은 후 6m 지나서 서고, 속력 48km일 때는 14m 지나야 선다. 또 64km로 달리면 24m 지나야 서고, 80km로 달리면 38m, 96km로 달리면 54m, 112km로 달리면 75m가 지나서 선다.

즉 '자동차 = $\frac{3}{512}$ × 속력의 제곱의 거리'가 지나야 자동차가 선다.

이 현상은 $y = \frac{3}{512}x^2$인 함수의 식으로 표현된다.

속력(km)	32	48	64	80
제동 거리(m)	6	14	24	38

어떤 사람이 시내에서만 운전하다가 고속도로에서 운전한다고 하자. '빨리 달릴수록 브레이크를 밟은 후 자동차의 제동 거리가 훨씬 길기 때문에 고속도로에서는 앞차와 안전거리를 더 길게 유지하면서 달려야겠구나!'라는 생각은 누구나 할 수 있을 것이다. 그런데 앞의 현상을 잘 이해하지 못한 사람은 '시내에서보다 2배 정도 빨리 달리니 자동차가 정지하기까지의 시간도 2배 정도 걸리겠지'라고 생각할 수 있다.

그러나 위의 표를 보면 속력이 32km일 때는 제동 거리가 6이고, 속력이 64km로 2배 빨라지면 제동 거리는 24km로 4배가 된다. 생각보다 속력이 빠를수록 제동 거리는 매우 길어진다는 사실을 알 수 있다. 즉 교통사고를 예방하기 위해서는 고속도로에서 차 간 거리를 넉넉하게 유지해야 한다.

5. 기압

한라산에 올라가 밥을 지었더니 밥이 설익었다. 원래 물은 100°C에서 끓는데, 높은 곳에서는 100°C보다 낮은 온도에서 끓기 때문에 쌀이 잘 익지 않는다. 그러면 높은 곳에서는 물이 100°C 미만에서 끓는 이유는 무엇일까? 바로 기압 때문이다. 우리는 잘 느끼지 못하지만 공기에도 압력이 있고, 이 때문에 날씨의 변화도 생긴다. 지면에서의 높이와 기압은 어떤 관계가 있는지 관찰했다. 이런 현상을 표현해보자.

높이 올라갈수록 기압은 낮아진다. 5km 높이에서는 대략 600hPa, 10km에서는 300hPa, 20km에서는 150hPa, 30km에서는 100hPa 이다. 그리고 높이가 2배로 높아지면 기압도 2배로 낮아지고, 높이가 3배로 높아지면 기압도 3배로 낮아진다.

즉 '기압 $=\dfrac{3000}{높이}$'이다. 이 현상은 $y=\dfrac{3000}{x}$인 함수의 식으로 표현된다.

높이(km)	5	10	20	30
기압(hPa)	600	300	150	100

6. 굽잇길의 최고 속력

시골이나 산길은 대부분 꼬불꼬불하다. 이러한 굽잇길에 들어설 때 속력을 충분히 줄이지 않으면 자동차가 길을 벗어난다. 그러면 길이 굽었을 때는 어느 정도로 속력을 줄여야 할까?

이러한 현상을 파악하기 위해 실험을 해보았다. 처음에는 60km/h로 달린다. 굽잇길 반경이 10m인 곳에서 굽잇길을 돌 수 있는 최고 속력은 25km/h이다. 굽잇길의 반경이 40m인 곳에서의 최고 속력은 50km/h이고, 굽잇길 반경이 90m인 곳에서의 최고 속력은 75km/h이다.

즉 '굽잇길을 돌 수 있는 최고 속력$=\dfrac{25}{\sqrt{10}}\times$굽잇길 반경의 제곱근'이다. 이 현상은 $y=\dfrac{25}{\sqrt{10}}\sqrt{x}$인 함수의 식으로 표현된다.

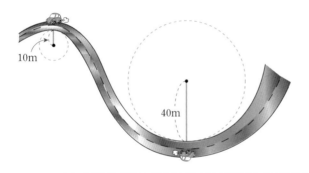

굽잇길의 반경(m)	10	40	90	160
굽잇길을 돌 수 있는 최고 속력(km/h)	25	50	75	100

7. 원리합계

100만 원의 여윳돈이 생겨 은행에 예금을 하려 한다. 은행 이자는 연이율 10%라고 한다. 그러면 얼마 후에 이 돈이 200만 원이 될 수 있을까? 연이율이 10%라면 1년간 이자가 10만 원이니 1년 후에는 110만 원이 될 것이다. 또 다음 1년간은 110만 원의 10%의 이자가 붙으니까 이자가 11만 원이 되어 총 121만 원이 될 것이다.

즉 '원금과 이자를 합친 돈=100×1.1의 연승'이다. 이 현상은 $y=100(1.1)^x$인 함수의 식으로 표현된다.

이렇게 식으로 표현하면 문제를 간단하게 해결할 수 있다. 이 돈이 200만 원이 되는 것은 $100(1.1)^x=200$이 되는 거니까 이 식을 계산하면 x가 약 7이 되는 것을 바로 알 수 있다. 1년에 한 번씩 돈을 저축해서 7년 정도 지나면 2배가 된다. 서술적 언어와 그림·도표의 언어만으로는 언제 200만 원이 되는지 계산하기 어렵지만, 수학적 언어로 표현하면 매우 간단하다.

햇수(연수)	1	2	3	4
원리합계(만 원)	110	121	133.1	146.41

8. 지진의 세기

지진의 세기를 나타내는 단위는 어떻게 정했을까? 지진이 발생했을 때 흔들린 곳의 최대 길이(최대 진폭)가 10이면 지진의 세기를 1이라 하고, 최대 진폭이 100이면 2, 최대 진폭이 1,000이면 3이라고 약속했다. 이렇게 정한 이유는 최대 진폭은 매우 큰 숫자인데, 그렇다고 해서 단위도 큰 숫자로 하면 너무 복잡하니까 단위는 매우 작은 숫자가 되도록 한 것이다.

이 현상은 $y = \log x$인 함수의 식으로 표현된다. 로그를 이용하면 매우 큰 수를 작은 수와 연결할 수 있다.

최대 진폭	10	100	1,000	10,000
지진의 세기	1	2	3	4

9. 전자의 운동

전자는 원자핵 주위를 원 모양으로 돈다. 첫 번째 궤도만 그림으로 그려보자.

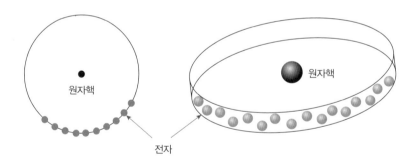

전자

왼쪽 그림을 입체적으로 그리면 오른쪽 그림과 같다. 원 모양을 반듯하게 도는 것이 아니라 위아래로 왔다 갔다 하면서 돈다. 주기적으로 반복되는 모양이다. 전자가 움직이는 모양을 식으로 표현할 수 있다. 이 현상은 $y = \sin(2 \times 10^{30})\pi x$인 함수의 식으로 표현된다.

10. 불쾌지수

70~74	일부 사람들이 불쾌감을 느낀다.
75~79	절반 이상의 사람이 불쾌감을 느낀다.
80~84	모든 사람이 불쾌감을 느낀다.
85 이상	참을 수 없을 정도로 불쾌감을 느낀다.

일상생활에서 일어나는 일도 함수로 표현한 예가 많다. 기온과 습도 때문에 느끼는 불쾌감의 정도를 숫자로 나타낸 것을 불쾌지수라고 하는데, 이 또한 함수를 이용한 것이다. '불쾌지수＝(건구온도＋습구온도)×0.72＋40.6'이다.

(건구온도, 습구온도)	(10, 10)	(0, 0)	(0, 10)	(5, 5)
불쾌지수	55	40.6	47.8	47.8

이 현상은 $y=(m+n)\times0.72+40.6$인 함수의 식으로 표현된다. 이 함수를 이용해 불쾌지수를 계산한 후 일기예보에서 보도해주곤 한다. 사람의 감정을 객관화한다는 것이 조금 무리가 있긴 하지만, 어떤 현상을 수치로 정확하게 표현하고 싶은 욕구에서 비롯되었다고 이해할 수 있다. 불쾌지수뿐만 아니라 근래에 신문이나 방송에서 기온 또는 습도 등을 고려해 운동지수, 빨래지수, 세차지수, 외출지수 같은 생활지수도 발표한다. 이러한 생활지수 또한 함수를 이용해 계산한다.

여기에서 제시한 예 이외에도 책이나 TV 등에서 어떤 현상을 쉽게 설명하기 위해 수많은 그래프를 사용한 것을 접하게 된다. 이 그래프는 모두 그 현상을 나타내는 함수를 그림으로 표현한 것이다.

함수는 자연현상이나 사회현상을 파악하기 위한 언어이다. 함수는 전문적인 현상을 분석하고 연구해서 미래를 예측하거나 문제를 해결하기 위해 사용된다. 현실 세계는 매우 복잡하기 때문에 이러한 현실을 함수화한다는 것은 매우 어려운 일이다. 그러나 크게 중요하지 않은 작은 문제, 즉 비본질적인 것을 제외할 때 그 현상을 바르게 이해하고 분석할 수 있다.

사실 갈릴레오는 물체가 낙하하는 자연현상을 설명할 때 물체의 낙하에 영향을 미칠 수 있는 다른 요인을 무시했다. 낙하 현상을 $y = \frac{1}{2} \times 9.8 \times t^2$이라고 표현했지만, 이 표현은 물체 형태, 물체 크기, 공기나 바람 등 물체가 떨어지는 과정에 그리 중요하지 않은 것을 모두 무시한 것이다. 이러한 것을 무시할 때 그 현상을 쉽게 이해하고, 매우 복잡한 문제도 해결할 수 있다. 이러한 이유 때문에 함수적인 사고방식을 통해 어떤 현상의 본질을 바라보는 능력을 기를 수 있다. 수학을 공부하는 것도 마찬가지이다. 사실 수학의 내용에는 참 많은 것이 있다. 그러나 이 많은 내용 중 본질을 파악하면 수학을 더 쉽게 공부할 수 있는데, 그것이 바로 함수이다.

수학에서 배우는 내용의 핵심은 바로 함수이다. 수학에서 배우는 대부분의 내용이 바로 이 함수와 연결되어 있다. 함수만 알면 수학의 전부를 알았다고 해도 과언이 아니다(〈부록 1: 다양한 함수의 종류〉 참조).

4

수학의 여러 분야와 함수의 연관성

수학에서 배우는 내용은 크게 수와 연산, 문자와 식, 규칙성과 함수, 확률과 통계, 도형, 측정, 행렬, 수열, 미분, 적분으로 나눈다. 이것이 함수와 어떤 상관관계가 있는지 살펴보자.

① 함수의 종류

함수에는 여러 종류가 있다. 각 단계별로 배우는 함수의 내용은 다음과 같다. 함수는 상자에 넣는 수와 상자에서 나오는 수와의 관계를 나타낸 것이라고 했다. 상자의 특성은 수학적 언어인 식으로 표현할 수 있는데, 그 식이 다항식이면 그 함수는 다항함수이고, 그 식이 유리식이면 유리함수, 무리식이면 무리함수, 지수가 있는 식이면 지수함수, 로그가 있는 식이면 로그함수, sin, cos, tan가 있는 함수는 삼각함수라고 이름 붙였다. 식의 종류에 따라 함수의 종류가 결정된다.

영역	단계	내용
규칙성과 함수	중1	함수의 개념
	중2	일차함수
	중3	이차함수
	고1	함수의 개념, 이차함수, 유리함수, 무리함수
	고2	지수함수, 로그함수, 삼각함수

1. 일차함수

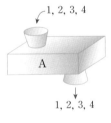

상자에 넣는 수	1	2	3	4
상자에서 나오는 수	1	2	3	4

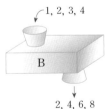

상자에 넣는 수	1	2	3	4
상자에서 나오는 수	2	4	6	8

A 상자에 1을 넣었더니 1이 나왔고 2를 넣었더니 2가 나왔고 3을 넣었더니 3이 나왔다. 즉 A 상자에 어떤 수를 넣으면 바로 그 수가 나온다. A 상자의 특성을 식으로 표현하면 $y=x$이다. B 상자에는 1을

넣었더니 2가 나왔고 2를 넣었더니 4가 나왔고 3을 넣었더니 6이 나왔다. 즉 B 상자에 어떤 수를 넣으면 그 수의 2배에 해당하는 숫자가 나왔다. B 상자의 특징을 식으로 표현하면 $y=2x$이다. 이처럼 상자를 표현한 식이 일차식이면 이 함수를 일차함수라고 한다.

앞 장에서 살펴본 예 중 일차함수로 표현하는 현상만 다시 살펴보자. 화씨온도와 섭씨온도의 관계는 $c=\dfrac{5}{9}(f-32)$, 시속이 90km일 때 시간에 따라 간 거리는 $y=90x$, 물을 이루는 산소와 수소의 부피 관계는 $y=2x$, 거리에 따른 택배 요금은 $y=400x+3000$으로 표현했다. 모두 일차함수로 표현하는 현상이다. 일상생활에서 일차함수로 표현하는 일은 매우 많다. 비율과 관계된 것은 모두 일차함수이다.

$y=ax$ 꼴로 표현하는 일차함수의 현상은 이런 특징이 있다. $y=2x$를 살펴보자. x가 1에서 2로 2배가 되면 y도 2에서 4로 2배가 된다. x가 1에서 3으로 3배가 되면 y도 2에서 6으로 3배가 된다. x가 증가하는 비율과 같은 비율로 y가 증가함을 알 수 있다.

또 상자에 1, 2, 3, 4……를 넣었을 때 나온 수를 나열할 경우 $y=2x$는 2, 4, 6, 8……로 똑같이 2만큼 증가한다. $y=3x$는 3, 6, 9, 12……로 똑같이 3만큼 증가한다. $y=3x+1$도 4, 7, 10, 13……으로 똑같이 3만큼 증가한다. 증가하는 비율이 항상 일정하다는 것이 일차함수의 특징이다.

2. 이차함수

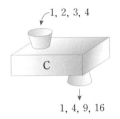

상자에 넣는 수	1	2	3	4
상자에서 나오는 수	1	4	9	16

C 상자에 1을 넣었더니 1이 나오고 2를 넣었더니 4가 나오고 3을 넣었더니 9가 나왔다. 즉 이 상자에 어떤 수를 넣으면 그 수의 제곱에 해당하는 수가 나온다. C 상자의 특성을 식으로 표현하면 $y=x^2$이다. 이처럼 함수를 표현한 식을 2차식으로 나타내는 것을 이차함수라고 한다. 속력에 따른 제동 거리는 $y=\dfrac{3}{512}x^2$으로 표현되는 것을 살펴보았다. 이러한 현상은 이차함수로 표현한다.

이차함수적 현상과 일차함수적 현상은 매우 다르다. $y=x^2$이라는 이차함수를 생각해보자. x가 1에서 2로 2배가 되면 y는 1에서 4로 4배가 된다. x가 1에서 3으로 3배가 되면 y는 1에서 9로 9배가 되는 것이다. 일차함수에서보다 y가 매우 빠르게 증가하는 것을 볼 수 있다.

이러한 이차함수의 특징을 아는 사람들은 고속도로에서 속력을 2배로 했을 때, 앞차와의 거리를 2배로 하면 된다는 어리석은 생각을 하지 않는다. 이 현상은 일차함수적 현상이 아니고 이차함수적 현상이기 때문이다. 속력이 2배로 빨라지면 앞차와는 4배로 거리를 유지해야 한다는 사실을 이해한다. 이것이 바로 $y=ax^2$으로 표현되는 이차함수의 특징이다.

3. 유리함수

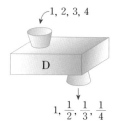

상자에 넣는 수	1	2	3	4
상자에서 나오는 수	1	$\frac{1}{2}$	$\frac{1}{3}$	$\frac{1}{4}$

D 상자에 1을 넣었더니 1이 나오고 2를 넣었더니 $\frac{1}{2}$이 나오고 3을 넣었더니 $\frac{1}{3}$이 나온다. 즉 어떤 수를 넣으면 그 수의 역수가 나오는 상자이다. 이 상자의 특징을 수학적 언어인 식으로 표현하면 $y=\frac{1}{x}$이다. 이렇게 함수의 식이 유리식으로 표현되는 함수를 유리함수라고 한다. 높이에 따른 압력의 변화를 $y=\frac{3000}{x}$으로 표현했다. 이 현상은 유리함수적 현상인 것이다.

이 함수의 특징은 x가 증가하면 y는 감소한다는 것이다. $y=\frac{1}{x}$은 x가 1에서 2로 2배 증가하면 y는 1에서 $\frac{1}{2}$로 2배 감소한다. x가 3배 증가하면 y는 3배 감소한다. x가 증가하는 비율과 같은 비율로 y가 감소한다. 이것이 $y=\frac{a}{x}$ 꼴로 표현하는 유리함수의 특징이다.

4. 무리함수

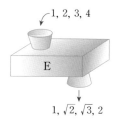

상자에 넣는 수	1	2	3	4
상자에서 나오는 수	1	$\sqrt{2}$	$\sqrt{3}$	2

E 상자에 1을 넣었더니 1이 나오고 4를 넣었더니 2가 나오고 9를 넣었더니 3이 나오고 16을 넣었더니 4가 나왔다. 즉 이 상자에 어떤 수를 넣으면 제곱해서 그 수가 나온다.

이것을 수학적 언어인 식으로 표현하면 $y=\sqrt{x}$가 된다. 이렇게 함수의 식을 무리식으로 표현하는 함수를 무리함수라고 하는데, 이 용어는 무리수에서 나온 말이다. 무리수에 대해서는 수 부분에서 설명할 것이다.

굽잇길의 반경에 따라 자동차가 낼 수 있는 최고 속력은 $y=\dfrac{25}{\sqrt{10}}\sqrt{x}$로 표현한다. 무리함수적 현상인 것이다.

무리함수는 이차함수의 역함수이다. 1을 넣었더니 1, 2를 넣었더니 4, 3을 넣었더니 9가 나오는 상자를 뒤집어보자. 그러면 이 뒤집힌 상자에 1을 넣으면 1이 나오고 4를 넣으면 2가 나오고 9를 넣으면 3이 나온다. 즉 $y=x^2$의 역함수가 $y=\sqrt{x}$인 것이다.

이 함수는 이차함수와 반대되는 현상이 일어날 것임을 예측할 수 있다. 즉 상자에 숫자를 넣으면 처음에는 급격하게 증가하는 것 같지만, 숫자가 점차 커질수록 별로 증가하지 않는다. 100을 넣어도 10이 나오고, 10,000을 넣어야 겨우 100이 나오는 현상이다.

5. 지수함수

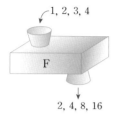

상자에 넣는 수	1	2	3	4
상자에서 나오는 수	2	4	8	16

F 상자에 1을 넣었더니 2가 나오고 2를 넣었더니 4가 나오고 3을 넣었더니 8이 나오고 4를 넣었더니 16이 나왔다. 상자에서 나온 수만 나열하면 2, 4, 8, 16……으로 앞의 수를 2배 하면 다음 수가 나온다. 이 상자를 식으로 표현하면 $y=2^x$이다. 이처럼 식에 지수가 있는 함수를 지수함수라고 한다. 100만 원을 저축했을 때 원리합계는 $y=(1.1)^x$와 같은 지수함수로 표현한다.

지수함수의 특징은 x가 증가할수록 y값이 매우 빠른 속도로 증가한다는 것이다. 처음에는 그 증가가 그리 큰 것이 아닌 것 같지만 가면 갈수록 정말 엄청나다. $y=2^x$에서 4를 넣으면 16이 나오지만 10을 넣으면 1,024가 나오고 20을 넣으면 1,048,576이 나오고 30을 넣으면 1,073,741,824가 나온다. 그래서 보통 폭발적인 증가라는 표현을 사용하는 현상은 모두 지수함수적 현상이다. 그래서 인구도 폭발적으로 증가하는 것이고, 돈이 돈을 낳는다는 말도 돈이 불어나는 현상이 지수함수적 현상이기 때문에 그런 것이다.

실제로 옛날 페르시아에서는 이런 일이 있었다. 페르시아 왕이 체스 게임을 했는데, 이 게임이 너무나 재미있어 체스를 고안한 신하를 불렀다. 그 신하에게 소원을 들어주겠다고 했다. 신하가 말하기를 체스 판의 첫 번째 사각형에 밀 한 알을, 두 번째 사각형에는 밀 두 알을, 세 번째 사각형에는 밀 네 알을, 네 번째 사각형에는 여덟 알을 놓으며 이와 같은 방법으로 64개의 모든 사각형에 놓을 수 있는 밀알을 원한다고 했다.

왕이 이 말을 들었을 때 속으로 이 신하를 비웃었다. 여러분은 어떠한가? 아마도 왕은 '이 쪼잔한 놈 같으니라고…… 겨우 밀 몇 알을 원하는 것이 네 소원이냐?'라고 생각했을 것이다. 그래서 왕은 아주 흔쾌히 그 개수에 해당하는 밀알을 주겠다고 말했다. 그런데 다음 날 아침, 수학자들이 왕에게 급히 달려왔다. 정말 큰일이 벌어진 것이다. 신하가 말했던 그 밀알을 모두 더하면 다음과 같다.

$$1+2+2^2+2^3+\cdots\cdots+2^{63}=2^{64}-1$$

이 식을 계산하면 신하가 말한 쌀은 몇 년 동안 전 세계에서 생산되는 쌀의 총량과 비슷한 양이다. 이처럼 지수함수적 현상의 증가는 매우 폭발적이기 때문에 주의해야 한다. 신용카드를 사용하면 돈에 이자가 붙는데, 이 이자가 붙는 현상도 지수함수적 현상이기 때문에, 돈을 빨리 갚지 않으면 시간이 흐를수록 빚은 눈덩이처럼 불어난다. 빚이 늘어나는 것이 일차함수적 현상일 거라고 착각했다가 큰 낭패를 보는 사람은 지수함수에 대한 이해가 부족하기 때문이다.

6. 로그함수

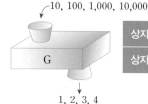

상자에 넣는 수	10	100	1,000	10,000
상자에서 나오는 수	1	2	3	4

지수함수를 나타내는 상자를 뒤집어놓으면 로그함수가 된다. 1을 넣으면 10이 나오고 2를 넣으면 100이 나오고 3을 넣으면 1,000이 나오는 상자가 있다. 이 상자를 뒤집으면 10을 넣을 때 1이 나오고 100을 넣으면 2가 나오고 1,000을 넣으면 3이 나온다.

이러한 상자를 식으로 표현하면 $y = \log x$가 된다. 즉 로그함수는 지수함수의 역함수이다. 그렇기에 지수함수에서 나타나는 현상과는 반대 현상이 일어난다는 것을 예측할 수 있다.

지수함수는 x가 증가함에 따라 y가 점차 폭발적으로 증가하는 데 반해 로그함수는 x가 아무리 증가해도 y는 별로 증가하지 않는다. 만약 내가 어떤 곳에 투자를 했는데 그 양상이 로그함수적 현상이라면 어떠한 일이 벌어질까? 아무리 투자를 많이 해도 이익이 별로 없다는 것을 알 수 있다. 따라서 투자를 그만두는 것이 현명하다는 판단을 할 수 있다.

실제 자연현상 중에도 로그함수로 표현하는 현상이 있다. 통계물리학에서 가장 중요한 개념 중 하나인데, 조금 어려운 예이지만 log로 표현되는 현상이 있다는 것을 확인하기 위해 소개하겠다. 미시적 상태의 총수는 W라 하고 거시적 상태의 엔트로피를 S라 하면 $S = k \log W$ (k는 상수)로 표현한다.

미시적 상태의 총수니, 거시적 상태의 엔트로피니 하는 단어의 뜻을 알지 못한다 하더라도 로그함수를 이해한다면 이 현상은 미시적 상태의 총수가 증가함에 따라 거시적 상태의 엔트로피도 증가하긴 하지만, 아무리 많이 증가해도 결과는 그리 크게 증가하지 않는 현상이라는 것을 이해할 수 있다. 어떤 현상을 제대로 이해할 수 있는 도구가 바로 함수인 것이다.

또 로그를 통해 매우 큰 숫자를 좀 더 쉽게 다루게 된다. 최대 진폭에 따른 지진의 세기는 $y = \log x$로 표현했다. 최대 진폭은 매우 큰 숫자이지만, 지진의 세기는 1, 2, 3……과 같은 작은 수로 표현한다.

7. 삼각함수

자연현상이나 사회현상을 아주 간략하게 분류하면 세 가지로 볼 수 있다. 그 현상을 검은 상자라고 해보자. 하나는 x가 증가함에 따라 y가 증가하거나 감소하는 상자이고, 또 하나는 x가 증가함에 따라 y가 일정한 수로 가까이 가는 상자이다. 마지막은 x가 증가함에 따라 y가 주기적으로 반복이 되는 상자이다.

증가 혹은 감소   수렴   반복

심전도나 뇌파, 소리를 나타내는 현상이 바로 반복되는 상자이다. 이렇게 주기적으로 반복되는 현상을 표현하기 위해 삼각함수를 만들었다. 실제 현상 중 전자가 원자 주위를 돌 때의 모양을 $y = \sin(2 \times 10^{30})$ πr로 표현하는 것을 살펴보았다.

주기적으로 반복되는 현상을 어떻게 식으로 표현할 수 있을까? 상자에 그냥 숫자를 넣으면 반복성을 표현할 수 없다. 숫자 1과 같은 숫자는 1 하나뿐이기 때문이다. 상자에 각도를 넣는 방법이 있다. 각도는 $0°$, $360°$, $720°$가 모두 같다. 또 $30°$, $390°$, $750°$도 같은 각이다. 이처럼 각도는 주기적으로 반복되는 성질이 있어서 그런 현상을 표현할 수 있다.

상자에 각도를 넣으면 어떤 숫자가 나오도록 만든 함수가 바로 삼각함수이다. 주기적으로 반복되는 현상은 sin, cos, tan 같은 삼각함수로 표현할 수 있다. 각도와 숫자를 연결하기 위해 사인, 코사인, 탄젠트를 다음과 같이 정의했다.

$$\sin A = \frac{a}{r}$$
$$\cos A = \frac{b}{r}$$
$$\tan A = \frac{a}{b}$$

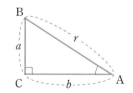

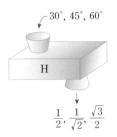

상자에 넣는 수	30°	45°	60°
상자에서 나오는 수	$\dfrac{1}{2}$	$\dfrac{1}{\sqrt{2}}$	$\dfrac{\sqrt{3}}{2}$

직각삼각형에서 H 상자에 30°를 넣으면 $\dfrac{1}{2}$, 45°를 넣으면 $\dfrac{1}{\sqrt{2}}$, 60°를 넣으면 $\dfrac{\sqrt{3}}{2}$이 나온다. 390°를 넣으면 30°와 같이 $\dfrac{1}{2}$, 405°를 넣으면 45°와 같이 $\dfrac{1}{\sqrt{2}}$, 420°를 넣으면 60°와 같이 $\dfrac{\sqrt{3}}{2}$이 나온다. 이 상자의 특성을 식으로 표현하면 $y=\sin x$이다.

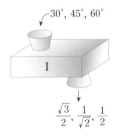

상자에 넣는 수	30°	45°	60°
상자에서 나오는 수	$\dfrac{\sqrt{3}}{2}$	$\dfrac{1}{\sqrt{2}}$	$\dfrac{1}{2}$

I 상자에 30°를 넣으면 $\dfrac{\sqrt{3}}{2}$, 45°를 넣으면 $\dfrac{1}{\sqrt{2}}$, 60°를 넣으면 $\dfrac{1}{2}$이 나온다. 390°를 넣으면 30°와 같이 $\dfrac{\sqrt{3}}{2}$, 405°를 넣으면 45°와 같이 $\dfrac{1}{\sqrt{2}}$, 420°를 넣으면 60°와 같이 $\dfrac{1}{2}$이 나온다. 이 상자의 특성을 식으로 표현하면 $y=\cos x$이다.

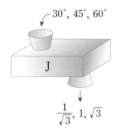

상자에 넣는 수	30°	45°	60°
상자에서 나오는 수	$\frac{1}{\sqrt{3}}$	1	$\sqrt{3}$

J 상자에 30°를 넣으면 $\frac{1}{\sqrt{3}}$이 나오고, 45°를 넣으면 1이 나오고, 60°를 넣으면 $\sqrt{3}$이 나온다. 390°를 넣으면 30°와 같이 $\frac{1}{\sqrt{3}}$이 나오고, 405°를 넣으면 45°와 같이 1이 나오고, 420°를 넣으면 60°와 같이 $\sqrt{3}$이 나온다. 이 상자의 특성을 식으로 표현하면 $y = \tan x$이다.

삼각함수는 주기적으로 반복되는 현상을 표현할 뿐만 아니라 각도와 길이를 연결하는 함수이기 때문에 측량, 건축 등에 많이 사용한다. 예를 들어 길이를 재야 할 때 직접 재지 않고 각도만 재어도 삼각함수를 이용해 길이를 알게 되는 것이다. 바다 위에 2개의 섬이 있다고 하자. 두 섬 간의 거리를 잴 때, 엄청나게 긴 자를 만들어 배를 타고 길이를 재기가 쉽지 않다. 그럴 때 배를 타고 그 섬 사이를 지나며 섬을 바라본 각도를 재면 섬 사이의 길이를 쉽게 잴 수 있다.

지금까지 다양한 종류의 함수에 대해 살펴보았다. 이를 표로 정리하면 다음과 같다.

함수의 종류		가장 간단한 함수의 식	특징
다항함수	일차함수	$y=x$	x가 2배 증가하면 y도 2배 증가하고, x가 3배 증가하면 y도 3배 증가한다.
	이차함수	$y=x^2$	x가 2배 증가하면 y는 4배 증가하고, x가 3배 증가하면 y는 9배 증가한다.
유리함수		$y=\dfrac{1}{x}$	x가 2배 증가하면 y는 2배 감소하고, x가 3배 증가하면 y는 3배 감소한다.
무리함수		$y=\sqrt{x}$	x가 4배 증가하면 y는 2배 증가하고, x가 9배 증가하면 y는 3배 증가한다. $y=x^2$과 반대의 현상이다.
지수함수		$y=2^x$	x에 1, 2, 3을 차례로 넣었을 때, y는 앞의 수에 2배씩 계속해서 증가한다. x가 조금만 증가해도 y는 매우 폭발적으로 증가한다.
로그함수		$y=\log x$	x가 매우 크게 증가해도 y는 별로 증가하지 않는다. $y=10x$와 반대의 현상이다.
삼각함수		$y=\sin x$ $y=\cos x$ $y=\tan x$	주기적으로 반복되는 현상을 표현한다.

8. 합성함수와 역함수

두 가지 현상이 연속적으로 일어날 때, 이를 하나의 식으로 표현할 수 있게 해주는 것이 합성함수이다. 또 주어진 함수와 반대되는 현상은 역함수로 표현할 수 있다. $y=\sqrt{x}$는 $y=x^2$의 역함수이고, $y=\log_{10}x$는 $y=10^x$의 역함수임을 이미 살펴보았다.

상자 1은 그 안에 어떤 수를 넣으면 그 수의 2배가 나온다. 상자 2는 어떤 수를 넣으면 1을 더한 수가 나온다. 상자 1에 어떤 수를 넣고 상자

1에서 나온 수를 그대로 상자 2에 넣으면 어떤 수가 나올까?

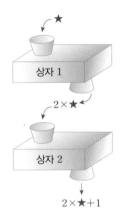

상자 1에 x를 넣으면 그것의 2배인 $2x$가 나오고 그 수를 다시 상자 2에 넣으면, 1을 더한 수인 $2x+1$이 나온다. 상자 1과 상자 2를 합쳐 어떤 수를 넣으면 그 수의 2배에 1을 더한 수가 나오는 새로운 상자를 생각할 수 있다. 이 새로운 상자를 상자 1과 상자 2의 합성함수라고 한다. $y=2x$와 $y=x+1$의 합성함수는 $y=2x+1$인 것이다.

상자 1을 수학적 언어인 식으로 표현하면 $y=2x$인데, $f(x)=2x$, $f: x \rightarrow 2x$라고 표현하기도 한다. 세 가지 모두 표현만 조금 다를 뿐 의미는 같다. 상자 2는 $g: x \rightarrow x+1$이라고 표현할 수 있다($y=x+1$과 같은 뜻이다). 상자 1과 상자 2를 합성한 상자는 $g \circ f: x \rightarrow 2x+1$이라고 표현한다.

위의 상자 1을 거꾸로 뒤집으면 어떤 상자가 될까?

1을 넣으면 2가 나오고, 2를 넣으면 4가 나오고 3을 넣으면 6이 나오는 상자를 뒤집으면, 2를 넣으면 1이 나오고 4를 넣으면 2가 나오고 6을 넣으면 3이 나오는 상자가 된다. 뒤집은 상자는 어떤 수를 넣으면 그 수의 $\frac{1}{2}$이 나오므로 $y=\frac{1}{2}x$로 표현한다. $y=2x$의 역함수는 $y=\frac{1}{2}x$인 것이다. 이것을 $f(x)=2x$일 때 $f^{-1}(x)=\frac{1}{2}x$라고 표현한다.

② 함수의 성질은 그래프나 표를 이용하면 쉽게 이해할 수 있다

어떤 현상을 수학적 언어로 바꾸면 강력한 힘이 생기지만, 그만큼 함축적 언어이기 때문에 이해하기 어렵다. 수학적 언어를 잘 이해하기 위해서는 그래프나 표를 이용하면 된다. 그래서 함수를 그래프로 표현하는 것이다. 그러면 다양한 종류의 함수를 그래프로 그려보자.

1. 일차함수

물을 이루는 산소와 수소의 부피비는 1:2로, 이를 식으로 표현하면

$y=2x$이다. 그래프를 그리면 다음과 같다. 직선이기 때문에 산소의 부피가 증가하면 같은 비율로 수소의 부피도 증가함을 확인할 수 있다.

x	10	20	30	40
y	20	40	60	80

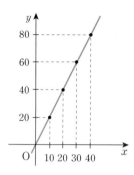

2. 이차함수

어떤 물체를 쏘아 올렸을 때 시간에 따른 위치는 $y=-5x^2+20x+25$로 표현한다. 이 이차함수를 그래프로 그리면 다음과 같다. 이 그림을 통해 시간이 지나면 물체가 점점 높은 곳에 있다가 다시 낮은 곳으로 떨어짐을 알 수 있다. 또 시간이 2일 때 물체가 가장 높은 곳에 있다는 것을 한눈에 알 수 있다.

x	0	1	2	3
y	25	40	45	40

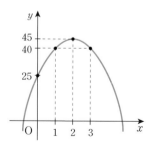

앞에서 우리는 방정식이 함수와 어떤 관계가 있는지 살펴보았다. '$x^2-9=0$이라는 방정식을 풀어라'라는 문제가 있을 때 단지 공식을 외워서 답을 구하는 것뿐 아니라 이제는 이 식의 의미를 알고 있다.

그 의미를 서술적 언어로 표현하면 다음과 같다. 상자에 1을 넣으면 -8이 나오고, 2를 넣으면 -5가 나오고, 3을 넣으면 0이 나오는 상자가 있다. 즉 이 상자는 어떤 수를 넣으면 그 수의 제곱에 9를 뺀 수가 나오는 상자이다. 그럼 이 상자에 어떤 수를 넣어야 0이 나올까? 이것을 찾는 것이 바로 위의 방정식을 푸는 것이다. 이것을 그림으로 표현해보자.

x	1	2	3	4
y	-8	-5	0	7

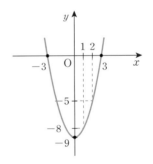

y가 0일 때 x의 값을 구하는 것이므로 이 그림이 x축과 만나는 교점이 바로 답이다. 즉 3을 넣으면 0이 나오고 -3을 넣어도 0이 나온다. 그래서 ± 3이 방정식의 답이다. 방정식의 해를 그림으로 표현하면 이러한 의미가 있다.

$y=e^x-2x-3$이라는 함수가 있다. 이 함수에 어떤 수를 넣으면 0이 나오는 수(즉 $e^x-2x-3=0$의 실근의 수)는 몇 개일까? 이 방정식을 푸는 것은 매우 어렵다. 그러나 이 함수의 그래프만 그릴 수 있다면, 실근

이 몇 개인지는 쉽게 알 수 있다. 이 함수의 그래프는 다음과 같다. 아래 그래프를 통해 이 방정식의 근은 2개임을 쉽게 알 수 있다.

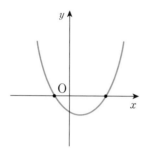

3. 유리함수

높이에 따른 압력의 변화를 $y = \dfrac{3000}{x}$ 으로 표현한다. 이 함수를 그래프로 그리면 다음과 같다. 그림을 통해 높이가 증가할수록 압력이 감소함을 쉽게 알 수 있다. 또 높이가 아무리 증가해도 압력이 음수가 되지는 않는다는 것과 압력은 계속해서 0에 가까워진다는 사실도 알 수 있다.

x	100	200	300	500
y	30	15	10	6

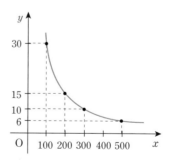

4. 무리함수

무리함수의 가장 간단한 형태는 $y=\sqrt{3}$이다. 이를 그림으로 그리면 x값이 증가하면 y값도 증가하지만, x값이 아무리 커져도 y값은 그렇게 많이 증가하지 않는다는 것을 알 수 있다. 이 함수는 $y=x^2$의 역함수로서 $y=x^2$은 x값이 증가하면 y값은 배로 증가하는 것과 반대 현상이 나타나는 것을 그림으로 쉽게 파악할 수 있다.

x	1	4	9	16
y	1	2	3	4

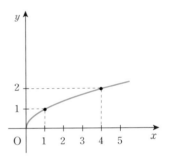

5. 지수함수

폭발적인 증가라는 현상은 지수함수로 표현한다. 100만 원을 저축했을 때 원리합계 $y=100(1.1)^x$를 그림으로 그리면 다음과 같다. 처음에는 돈이 그리 크게 증가하는 것 같지 않지만, 시간이 지남에 따라 돈이 엄청나게 빠른 속도로 증가한다는 사실을 확인할 수 있다.

x	1	2	3	4
y	110	121	133.1	146.41

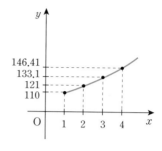

6. 로그함수

지수함수의 역함수인 로그함수를 그래프로 그려보자. $y=\log x$의 그림은 다음과 같다. x가 엄청나게 증가해도 y는 그리 크게 증가하지 않는다는 사실을 확인할 수 있다.

x	10	100	1,000	10,000
y	1	2	3	4

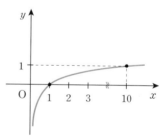

7. 삼각함수

삼각함수를 이용해 주기적인 현상을 표현할 수 있음을 살펴보았다. $y=\sin x$를 그래프로 표현하면 $360°$마다 함수값이 일정함을 알 수 있다.

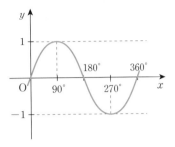

x	$30°$	$45°$	$60°$	$90°$
y	$\dfrac{1}{2}$	$\dfrac{1}{\sqrt{2}}$	$\dfrac{\sqrt{3}}{2}$	1

③ 도형도 함수의 식으로 표현한다

일차함수를 식으로 표현하면 $y=ax+b$이다. 이 식을 그림으로 그리면 직선이 된다. 그래서 이 식을 직선의 방정식이라고도 한다(직선을 표현해주는 식이라는 뜻이다). 일차함수를 표현해주는 식이 직선의 방정식도 되는 것이다. 이와 같이 삼각형, 사각형, 원, 포물선, 타원형 같은 도형도 함수의 식으로 표현할 수 있다. 아주 오랫동안 수학에서 도형은 그림으로만 표현했다. 그림으로 표현한 도형의 정의와 공리公理를 만들고, 그다음에 논리에 따라 정의를 하나씩 세워나갔다. 그러나 17세기부터는 도형도 식으로 표현했다. 도형을 식으로 표현한다는 발상은 매우 혁신적이었다.

중학교에서는 도형을 그림·도표의 언어로 표현한 것만 배운다. 직선, 삼각형, 사각형, 원, 다면체 등을 그림으로 그리고, 이 도형들의 여러 성질을 공부하는 것이다. 반면 고등학교에서는 수학적 언어인 식으로 표현한 도형을 배운다. 직선, 원, 포물선, 타원, 쌍곡선, 평면, 구를 식으로 표현하고 여러 계산을 통해 이 도형의 성질을 공부한다. 역사적인 순서를 따르는 것이다. 이것이 중학교 도형과 고등학교 도형의 핵심적인 차이점이다. 앞에서 원을 세 종류의 언어로 표현했다.

서술적 언어	그림·도표의 언어	수학적 언어
원점에서 거리가 1인 점의 모임		$x^2+y^2=1$

처음에는 도형을 서술적 언어와 그림·도표의 언어로만 이해하다가 수학적 언어인 식으로 이해하게 되었다. 도형을 식으로 표현하면 어떤 일들이 벌어질까? 도형을 더 쉽게 다루어 해결할 수 없던 문제를 매우 쉽게 해결할 수 있다.

위성방송을 듣기 위해서 접시 안테나를 설치한다. 이 접시 안테나는 아무렇게나 대충 만든 것이 아니라 전파를 제일 잘 받을 수 있는 모양으로 만든 것이다. 포물선을 회전해서 만들면 전파를 잘 받는다. 어떤 모양으로 안테나를 만들어야 전파를 잘 받을지 계산해야 하는데, 도형을 그림으로만 표현한다면 이런 계산을 할 수 없다. 식으로 표현하니까 이런 문제가 간단히 해결되는 것이다.

등산을 하다 보면 철탑과 철탑 사이에 전기를 전달하는 송전선이 늘어진 것을 볼 수 있다. 이 송전선도 아무렇게나 늘어지도록 만든 것이 아니다. 전선에 가하는 중력과 장력의 균형으로 전기가 잘 통하도록 계산해서 만든 것이다. 이 또한 도형을 식으로 표현하기에 가능한 일이다. 송전선을 식으로 표현하면 $y=\dfrac{a(e^{\frac{x}{a}}+e^{-\frac{x}{a}})}{2}$ 이다.

또 다른 예를 살펴보자. 지구는 1년에 한 번씩 태양 주위를 돈다. 목성도 토성도 천왕성도 태양을 중심으로 돈다. 이런 행성들이 태양 주위를 돌 때 아무렇게나 도는 것이 아니라 원 모양으로 돈다. 핼리혜성은 타원 모양으로 돈다. 원, 타원을 식으로 표현할 수 있기 때문에 이러한 행성들의 위치, 지구와의 관계, 지구에서 언제 관찰할 수 있는지 등을 계산할 수 있다. 핼리혜성은 타원 모양으로 돌기 때문에 되돌아오지만, 어떤 혜성은 포물선이나 쌍곡선 모양으로 움직이기 때문에 한번 떠나면 영영 돌아오지 않는다. 포물선, 타원, 쌍곡선을 세 종류의 언어로 표현하면 다음과 같다.

서술적 언어	그림·도표의 언어	수학적 언어
한 점과 한 직선에서 거리가 같은 점의 모임		$y=ax^2$
두 정점에서 거리의 합이 일정한 점의 모임		$\dfrac{x^2}{a^2}+\dfrac{y^2}{b^2}=1$

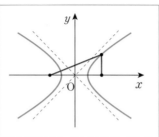

두 정점에서
거리의 차가
일정한
점의 모임

$$\frac{x^2}{a^2} - \frac{y^2}{b^2} = 1$$

④ 행렬도 함수이다

고등학교 2학년 수학 I 에서 행렬을 배운다. 행렬도 함수라는 표현을 직접적으로 하지는 않지만 사실 행렬도 함수이다. 행렬이 어떤 함수인지 살펴보자. 지금까지 살펴본 함수는 상자에 하나의 숫자를 넣으면 또 하나의 숫자가 나오는 상자였다. 그런데 이런 함수만 있는 것은 아니다. 2개의 숫자를 넣으면 1개의 숫자가 나오는 함수, 2개의 숫자를 넣으면 2개의 숫자가 나오는 함수 등 여러 가지 함수가 있다. 함수의 종류가 여러 가지 있는 것이 아니라 자연현상이나 사회현상에 다양한 현상이 있기 때문에 이를 표현하다 보니 함수의 종류가 다양해졌다. 앞의 함수 예에서 살펴본 불쾌지수는 $y = (m+n) \times 0.72 + 40.6$으로 표현했다. 2개의 숫자(건구온도, 습구온도)를 넣으면 1개의 숫자(불쾌지수)가 나오는 함수이다.

또 다른 예를 살펴보자. 학교 앞에 문방구가 두 군데 있다. A 문방구에서는 공책 한 권의 값이 500원이고 연필 한 자루는 200원이다. B 문방구에서는 공책 400원, 연필 250원이다. 공책 한 권과 연필 한 자루를 산다면 A에서는 700원, B에서는 650원만 내면 된다. 공책 한 권과 연필 세 자루를 산다면 A에서는 1,100원, B에서는 1,150원을 내야 한다. 공책과 연필을 어느 정도 사느냐에 따라서 어느 문방구로 가야 할지 결정할 수 있다.

공책과 연필의 개수에 따른 두 문방구에서의 가격이라는 현상은 2개의 숫자(공책의 개수, 연필의 개수)를 넣으면 2개의 숫자(A 문방구에서의 가격, B 문방구에서의 가격)가 나오는 함수이다. 이 함수를 표로 나타내면 다음과 같다.

들어가는 수	$(0, 0)$	$(1, 0)$	$(0, 1)$	$(1, 1)$	(x_1, x_2)
나오는 수	$(0, 0)$	$(500, 400)$	$(200, 250)$	$(700, 650)$	$(500x_1+200x_2, 400x_1+250x_2)$

이 현상을 식으로 표현하면 $y_1 = 500x_1 + 200x_2$, $y_2 = 400x_1 + 250x_2$ 가 된다. 2개의 숫자가 나오는 상자는 2개의 식으로 표현된다. 이러한 상자도 하나의 식으로 표현할 수는 없을까?

이 상자는 행렬을 이용해 $\begin{pmatrix} y_1 \\ y_2 \end{pmatrix} = \begin{pmatrix} 500 & 200 \\ 400 & 250 \end{pmatrix} \begin{pmatrix} x_1 \\ x_2 \end{pmatrix}$ 와 같이 하나의 식으로 표현할 수 있다. 행렬은 여러 개의 숫자를 넣으면 여러 개의 숫자가 나오는 함수를 하나로 표현하기 위해서 만든 것이다.

어떤 현상을 여러 개의 식으로 표현하는 것과 하나의 식으로 표현하는 것은 매우 다르다. 하나의 식으로 표현하면 복잡한 문제를 매우 쉽게 해결할 수 있어 더 큰 지적 힘을 발휘할 수 있게 된다.

A 문방구에서는 2,500원, B 문방구에서는 2,450원을 내야 한

다면, 공책은 몇 권, 연필은 몇 자루를 사려고 하는 것일까? 초등학교 때는 이런 문제를 예상하고 확인하면서 풀고, 중학교 때는 $\begin{cases} 500x_1 + 200x_2 = 2500 \\ 400x_1 + 250x_2 = 2450 \end{cases}$ 이라는 연립방정식을 이용해서 푼다. 고등학교 때는 이 문제를 $\begin{pmatrix} 500 & 200 \\ 400 & 250 \end{pmatrix}\begin{pmatrix} x_1 \\ x_2 \end{pmatrix} = \begin{pmatrix} 2500 \\ 2450 \end{pmatrix}$인 행렬로도 풀 수 있다.

방정식의 개수가 2개일 때는 연립방정식을 이용하건 행렬을 이용하건 그리 큰 차이가 없지만, 방정식의 개수가 5개, 10개처럼 많아지면 행렬을 이용해야 쉽게 풀 수 있다. 실제 현상에서는 방정식의 개수가 매우 많은 연립방정식을 풀어야 하는 경우가 많다. 이런 방정식은 컴퓨터를 이용해 계산하는데, 여러 개의 식으로 표현하는 것보다 행렬을 이용해 하나의 식으로 표현하면 컴퓨터가 계산하는 속도가 무척 빨라진다. 대학에서 공학이나 경제학 전공자가 행렬을 하나의 중요한 과목으로 공부하는 이유이다.

5 수열을 통해 함수의 식을 찾을 수 있다

어떤 현상을 수학적 언어인 식으로 표현하면 강한 지적 힘을 발휘할 수 있다고 했다. 엄청난 양의 정보를 짧고 명료하게 표현할 수 있고, 복잡한 문제도 간단히 해결할 수 있기 때문이다. 그렇기에 식으로 표현하는 것이 중요하다.

상자에 1을 넣었더니 2가 나오고 2를 넣었더니 4가 나오고 3을 넣었더니 6이 나왔다. 이 상자를 수학적 언어인 식으로 표현하면 $y=2x$

이다. 상자에 1을 넣었더니 1이 나오고 2를 넣었더니 4가 나오고 3을 넣었더니 9가 나왔다. 이 상자는 $y=x^2$으로 표현한다. 이처럼 간단한 것은 식을 바로 찾을 수 있지만, 상자는 이렇게 간단한 것만 있는 것은 아니다.

함수의 다양한 예에서 100만 원을 10%의 연이율로 저축했을 때 원리합계는 $y=100(1.1)^x$로 표현한다고 했다. 숫자를 나열한 것만 보고 바로 이러한 식으로 표현하는 일은 쉽지 않다. 그러나 수열을 공부하면 이러한 현상을 식으로 표현하는 것이 매우 쉬워진다. 이것이 바로 수열을 공부하는 이유이다.

상자에 1을 넣었더니 4가 나오고 2를 넣었더니 7이 나오고 3을 넣었더니 10이 나왔다. 이 상자의 특성을 식으로 표현하기 위해 나온 수만 나열해보자. 4, 7, 10, 13, 16, 19, 22······. 이 상자를 식으로 표현하면 어떻게 될까?

4   7   10   13   16   19   22
 +3 +3 +3 +3   +3   +3

이 함수는 x가 1씩 커질 때 y가 항상 3씩 커지는 함수이다. 이런 함수는 일차함수임을 살펴보았다. 이 함수의 식은 $y=3x+\square$인데, 1을 넣었을 때 4가 나와야 하니까 $\square$는 1이다. 따라서 위 함수의 식은 $y=3x+1$이고, 수열에서는 이를 $a_n=3n+1$이라고 표현한다.

이 두 가지 표현은 둘 다 상자에 어떤 수를 넣으면 그 수의 3배에 1을 더한 수가 나온다는 의미인데, 수열에서는 상자에 자연수만 넣으니까 x 대신 n으로 표현하는 것뿐이다(자연수를 의미하는 natural number

의 앞 자가 n이다).

　5, 7, 9, 11, 13, 15, 17……을 식으로 표현하면 2씩 커지니까 $a_n = 2n +$
□인데, 1을 넣었을 때 5가 나오니까 $a_n = 2n + 3$이 됨을 알 수 있다.

　일차함수를 수열에서는 등차수열이라고 한다. 일차함수에 자연수만
넣어서 수를 나열해보면 4, 7, 10, 13, 16, 19, 22……처럼 이웃하는 두
수의 차가 항상 같기 때문이다. 등차수열을 공부하면 어떤 일차함수의
현상도 식으로 표현할 수 있다.

　이외에도 1, 2, 4, 8, 16, 32……나 1, 2, 4, 7, 11, 16, 22……처럼 매우
복잡해 보이는 함수의 식을 수열을 통해 쉽게 찾을 수 있다.

⑥　함수는 확률과 통계의 중요한 도구이다

확률과 통계도 함수와 깊은 상관관계가 있다. 확률은 미래를 예측하는 것
이고, 통계는 주어진 자료를 분석하는 것이다. 자료를 분석하고 미래를
예측하는 데 함수는 중요한 도구가 된다. 항공사에서 예약을 취소할 확
률이 0.1이라는 것은 지금까지 자료를 통해 10명이 예약했다면 약 1명
이, 20명이 예약했다면 약 2명이, 30명이 예약했다면 약 3명이 예약을
취소할 것이라고 예측하는 것이다. 이 현상은 $y = 0.1x$라는 함수이다.
확률이라는 것은 비율을 의미하고, 이 비율이라는 것이 일차함수의 현
상이다. 그렇기에 확률에서의 사고방식은 기본적으로 일차함수의 사고
방식을 바탕으로 이루어진다.

　통계에서는 어떤 집단의 특성을 파악하기 위해 자료를 수집하고 분

77
1부 · 수학이란 무엇인가

석한다. 수집한 자료를 그림·도표의 언어로 표현하면, 그 자료의 특성을 한눈에 파악할 수 있다. 그래서 자료를 막대그래프, 꺾은선그래프, 원그래프, 띠그래프, 그림그래프, 도수 분포표, 히스토그램, 도수 분포 다각형 등 다양한 그림·도표 언어로 표현하는 것이다.

A 학교 1학년 학생 100명의 키를 조사한 후 이 결과를 다음의 표와 그림으로 표현했다.

초등학교, 중학교에서는 이처럼 어떤 자료를 그림·도표 언어로 표현하고 분석하는 것을 배운다. 그러나 이런 정보도 수학적 언어인 식으로 표현할 수 있다면, 해결할 수 없던 문제를 더욱 쉽게 해결할 수 있어 더 큰 지적 힘을 발휘하게 된다.

도수·상대도수 분포표

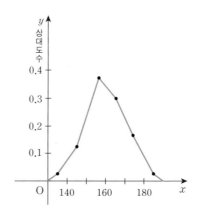

키	학생 수	상대도수
180 이상	2	0.02
170~180	16	0.16
160~170	30	0.3
150~160	38	0.38
140~150	12	0.12
140 미만	2	0.02
합계	100	1

많은 사람의 키, 몸무게 같은 자료를 상대도수 분포 다각형 같은 그림으로 그리면 대략 다음과 같은 모양이 된다는 것을 알게 되었다.

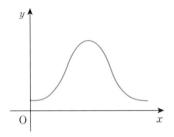

키를 조사해보면 평균을 기준으로 해서 평균보다 큰 사람과 평균보다 작은 사람이 대략 같은 비율로 있고, 평균에 가까이 있는 사람들의 수가 많기 때문에 이런 모양으로 그려지는 것이다. 이 모양을 $y=\dfrac{1}{\sqrt{2\pi\alpha}}e^{\frac{(x-m)^2}{2\sigma^2}}$ 과 같은 함수의 식으로 표현해서 보다 정교하게 자료를 분석할 수 있게 되었다. 자료를 그림으로 그린 모양이 위와 비슷할 때 이 자료는 정규분포를 따른다고 말한다.

IQ의 평균이 100이고 표준편차는 15이며 IQ는 정규분포를 따른다는 말은 IQ라는 자료를 그림으로 그리면 위에서 그린 그림 모양이 된다는 것을 의미한다. 즉 IQ가 100 근처에 있는 사람이 가장 많고, IQ가 무척 높거나 낮은 사람은 많지 않다. 또 IQ가 80인 사람이나 120인 사람, 70인 사람이나 130인 사람의 수가 거의 같다. 보다 자세히 말하면, IQ가 85에서 115인 사람이 대략 68%이고 IQ가 70에서 130인 사람은 대략 96%라는 말이다.

어떤 자료의 분포를 함수의 식으로 표현해서 더욱 자세하고 정확하게 자료를 분석할 수 있게 되었다. 그래서 고등학교에서는 자료를 그림·도표의 언어로 표현하는 데서 더 나아가 식으로 표현한 정규분포를 배운다. 이를 이용해 다양한 문제를 해결하는 방법을 알게 된다.

⑦ 함수의 그래프는 미분을 이용해 그릴 수 있다

함수를 그래프로 표현하면 그 특징을 더 잘 알 수 있다고 했다. 그러므로 함수의 그래프를 그리는 것은 매우 중요하다. 일차함수와 이차함수, 간단한 유리함수 무리함수, 지수함수, 로그함수는 숫자를 대입해서 비교적 쉽게 그래프를 그릴 수 있었다. 그러나 실제 현상은 이렇게 간단한 형태만 있는 것이 아니라 3차 이상의 고차함수나 그 외 복잡한 함수로 표현되기도 한다. 이런 함수의 그래프는 숫자를 대입해서 그리기가 어렵다. 이때 미분을 이용하면 이런 복잡한 함수의 그래프를 아주 쉽게 그릴 수 있다.

미분을 이용해 삼차함수, $f(x)=2x^3-9x^2+12x+5$의 그래프를 그리는 과정을 살펴보자. 미분을 배우지 않은 학생에게는 이해되지 않는 면이 있겠지만, 복잡한 함수의 그래프가 미분을 이용해 쉽게 그릴 수 있다는 사실만 알면 된다.

삼차함수 $f(x)=2x^3-9x^2+12x+5$를 미분한 함수는 $f'(x)=6x^2-18x+12$이다. 미분한 함수를 그림으로 그리면 다음과 같다.

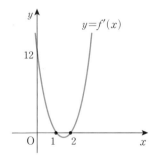

x가 1보다 작을 때는 미분한 함수는 양수이고, 1과 2 사이에 있을 때는 음수, 2보다 클 때는 양수이다. 미분한 함수가 양수인 곳에서는 원래 함수는 증가하고, 미분한 함수가 음수인 곳에서는 원래 함수는 감소한다. 그래서 주어진 삼차함수 $f(x)=2x^3-9x^2+12x+5$는 증가하다가 감소하다가 다시 증가하는 모양임을 알 수 있다. 1을 넣으면 10이 나오고 2를 넣으면 9가 나오니까 주어진 삼차함수의 그래프를 그리면 다음과 같다.

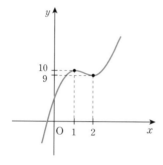

이처럼 미분을 이용해 복잡한 함수의 그래프를 쉽게 그릴 수 있다.

2부

———

수학을
잘하려면

1

수학적 언어의 의미를 이해한다

오래전 대학교 중문학과에 다니던 딸이 다음과 같은 의미심장한 이야기를 했다. "이전에 초·중학교에 다닐 때 상현달은 이렇게 생겼고, 하현달을 저렇게 생겼다고 배웠는데, 지금은 어떻게 생겼는지 기억이 안 나요. 그런데 중국어를 배우고 보니, 학교에서 너무 쉬운 것을 어렵게 가르쳤다는 생각이 들어요. 그 단어의 의미를 바르게 설명만 해주어도 그냥 알 수 있는데 말이에요. 상은 위쪽이라는 뜻이고, 현은 활시위라는 의미예요. 상현달은 해가 질 때 달 모양이 활의 현이 위에 있는 것과 비슷해 위(상), 시위(현) 자를 붙여 상현달이라고 한대요."

상현달

동쪽 지평선에서 뜰 때
(정오)

남중할 때
(초저녁)

서쪽 지평선으로 질 때
(자정, 현이 위쪽에 있어 상현달)

하현달

동쪽 지평선에서 뜰 때
(자정)

남중할 때
(해뜰 때)

서쪽 지평선으로 질 때
(정오, 현이 아래쪽에 있어 하현달)

만일 이런 내용을 이해했더라면, 암기할 필요가 없었을 것이다. 요령만 배워 의미 없이 외운 것은 단기 기억만 되어 그때는 아는 것 같지만, 조금만 지나면 무엇을 배웠는지도 모른다. 하지만 이해한 것은 장기 기억이 되어 어른이 되어서도 조금만 생각해보면 알 수 있다. 그러므로 수학에서는 수학적 언어의 의미를 이해하는 훈련이 매우 중요하다.

우리가 이전에 어렵게 느낀 문제도, 실은 수학적 원리를 이해할 기회가 없어서 어렵게 생각한 것일 수 있다. 그러므로 학생들이 힘들다고 쉽게 포기하는 분수의 나눗셈, 이에 따른 비례식, 백분율 문제를 배울 때 수학적 원리를 먼저 이해하도록 훈련해야 한다. 중학교에 들어가서 새로 배우는 미지수 x와 무리수의 개념, 그리고 방정식과 함수의 개념을 이해하는 훈련도 강화해야 하다. 이를 통해 사고 영역을 한 단계 도약시킬 수 있도록 한다.

학생들이 수학에 지쳐버리는 가장 큰 이유는 어려운 문제를 많이 풀어보는 공부 방식을 택했기 때문이다. 하지만 이렇게 어려운 문제를 중심으로 공부하다 보니 원리는 더욱 이해가 되지 않고, 결국 수학은 어려운 것으로 단정하고 포기한다. 그러므로 수학을 공부하는 효과적인 방법은 어려운 문제는 나중에 푼다고 생각하고, 현재 풀 수 있는 쉬운 문제를 가지고 원리를 이해하는 훈련을 많이 하는 것이다. 이런 훈련을 체계적으로 하기 위해서는 다음 세 가지 단계를 거쳐야 한다.

첫째, 수학의 역사에서 시작해야 한다. 매우 간단해 보이는 수학적 발견에도 그만한 에너지와 시간(역사)이 필요했다. 그러므로 역사적 배경을 이해하는 것은 수학을 잘하는 데 필연적이다. 아울러 이런 과정을 통해 언어의 수용성 능력을 훈련해서 가속화 학습의 기반을 마련한다(기반 과정).

둘째, 매우 쉬운 문제를 바탕으로 원리를 파악하는 훈련을 한다. 반복된 원리를 확인하는 과정을 통해 문제 해결 패턴을 알아낼 수 있다(알파 과정).

셋째, 전 단계에서 습득한 수학적 패턴을 기반으로 다섯 가지 사고방식(함축, 변형, 구체화, 패턴화, 기타)을 활용해 일반 교과서에 나오는 문제를 푸는 훈련을 한다(베타 과정).

일반적으로 학교에서는 기반 과정과 알파 과정을 짧은 시간에 겉핥기식으로 교육한다. 베타 과정도 수학적 원리에 기반하기보다는 문제 풀이 요령을 익히는 데 초점을 맞춘다. 이러다 보니 암기력이 좋은 학생은 이런 방식으로도 수학 성적을 올릴 수 있지만, 수학적 사고 능력을 갖추지 못하는 모순을 낳는다.

다음 장에서는 그동안 어렵다고 생각한 수학 문제를 이해하기 쉬운 방법으로 풀 수 있는 몇 가지 요령을 제시할 것이다.

우리나라 성인에게 $10 \div \frac{1}{2}$이 무엇이냐고 질문하면, 많은 사람이 "5인가? 아닌가? 분수의 나눗셈을 하는 방법이 뭐였더라?"라고 대답한다. 초등학교 때 공부를 잘했다는 사람도 이런 대답을 한다. 그리고 아주 오래전에 배워서 잊어버렸기 때문이라는 이유를 댄다. 물론 바로 답을 하지 못할 수도 있다. 하지만 분수와 나눗셈의 의미를 이해한 사람이라면 시간을 조금 주면 생각해낼 수 있다.

그러나 우리는 학교에서 의미를 배우지 않고, 분수의 나눗셈은 분자와 분모를 바꾸어서 곱해주면 된다는 요령만 익혔다. $10 \div \frac{1}{2}$이라는 언어의 뜻은 "빵이 10개가 있는데, 빵을 $\frac{1}{2}$개씩 나누어 먹으면 모두 몇 명이 먹을 수 있는가?"라는 것이다. 그리고 이런 원리를 익히는 것이 수학을 공부하는 과정인 것이다. $10 \div 10$은 빵 10개가 있는데 빵을 10개씩 나누어주면 몇 명이 먹을 수 있느냐 하는 것이고, 답은 1이다. $10 \div 5$는 빵 10개가 있는데 빵을 5개씩 나누어주면 몇 명이 먹을 수 있느냐 하는 것이고, 답은 2이다. $10 \div 2$는 빵 10개가 있는데 빵을 2개씩 나누어주면 몇 명이 먹을 수 있느냐 하는 것이고, 답은 5이다. $10 \div 1$은 빵 10개가 있는데 빵을 1개씩 나누어주면 몇 명이 먹을 수 있느냐 하는 것이고, 답은 10이다. 만일 이 언어의 뜻을 아는 사람은 $10 \div \frac{1}{2}$은 빵 10개가 있는데 빵을 $\frac{1}{2}$개씩 나누어주면 몇 명이 먹을 수 있느냐는 것이고, 답은 20이라는 것을 즉시 대답할 수 있다. $10 \div \frac{1}{2}$의 언어 의미를 이해하는 데 시간을 할애해야지, 분수의 나눗셈을 분자와 분모를 바꾸어서 곱하면 된다는 요령을 익히는 데 시간을 많이 들여서는 안 된다.

이런 원리를 이해하는 훈련을 많이 하면, 사람들은 시간을 낭비하는 것처럼 생각한다. 그저 역수로 곱하면 된다는 요령만 알면 쉽게 문제를 풀 수 있는데, 필요 없는 일을 하는 것처럼 여기기 때문이다. 하지만 이런 언어의 이해 훈련이 수학 학습의 근본이 된다.

분수는 수학을 포기하게 하는 첫 번째 장애물이다. 고등학생 중에서도 분수 관련한 문제를 못 푸는 경우도 많다. 일반적으로 분수는 초등학교에서만 배우기 때문에 너무 쉬운 것이라고 생각한다. 그래서 그 쉬운 분수도 못하니 수학은 해봤자 안 된다고 생각하는 것이다. 하지만 그렇지 않다. 분수는 수학에서 매우 중요한 부분이고 또 어려운 개념이다.

분수는 핀란드의 경우 중학교 1~2학년, 심지어 3학년 때까지 배운다. 물론 초등학교 때 이미 배운 내용이지만, 그것을 다시 복습하는 것이다. 중학교 교과서에서도 $\frac{1}{2}$이 [ ]와 같은 그림이라는 것을 보여준다. 초등학교 3학년 때부터 중학교 3학년 때까지 무려 7년 동안이나 $\frac{1}{2}$이라는 분수의 뜻이 무엇인지 그림으로 보여주는 것이다.

이는 분수를 처음 배울 때인 초등학교 3학년 때만 $\frac{1}{2}$의 뜻을 알려주고 그다음에는 계산하는 요령을 가르치는 데만 시간을 할애하는 우리나라와는 매우 다르다. 하지만 분수의 기본 개념을 잘 알아야만 수준 높은 수학도 할 수 있다. 그러므로 지금 분수를 못한다고 수학을 못하는 사람이 되는 것은 아니다. 이제부터 제대로 배우면 누구나 이 덫에서 벗어날 수 있다. 그럼 세 단계 학습법으로 분수 문제를 해결해보자.

1단계: 분수의 역사(기본 과정)

고대 이집트에서는 피라미드 같은 거대한 건축물을 만들기 위해 많은 사람이 필요했다. 그리고 일이 끝나면 월급 대신 빵을 나누어주었다. 그런데 빵이 100개가 있는데 80명에게 나누어주려면 어떻게 해야 할까? 만일 계산을 하지 못해 잘못 나누어주면, 많은 사람에게 피해를 주고 결국 일도 망친다. 그러므로 이를 나누어줄 수 있는 나눗셈이 필요하고, 새로운 숫자인 분수가 필요했다. 분수 때문에 불만도 없애고, 피라미드 공사도 성공할 수 있게 된 것이다.

2단계: 원리 익히기(알파 과정)

분수의 개념을 그림을 통해 이해하게 하고, 분수의 더하기, 빼기, 곱하기, 나누기의 패턴을 알게 한다.

3단계: 패턴 활용하기(베타 과정)

알게 된 패턴을 기반으로 다섯 가지 사고방식(함축, 변형, 구체화, 패턴화, 기타)을 활용해 일반 교과서의 문제를 해결한다.

1. 분수의 덧셈

수학을 어려워하는 학생 중에는 $\frac{1}{2} + \frac{1}{3}$을 계산하라고 하면 $\frac{2}{5}$라고 답하기도 한다. 왜 $\frac{1}{2} + \frac{1}{3}$의 값을 계산하지 못할까? $\frac{1}{2}$은 빵을 2조각으로 나눈 것 중 1조각, $\frac{1}{3}$은 빵을 3조각으로 나눈 것 중 1조각, $\frac{2}{5}$는

빵을 5조각으로 나눈 것 중 2조각이라는 뜻이다.

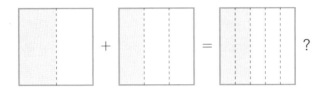 ?

그림을 보면 빵 $\frac{1}{2}$조각과 $\frac{1}{3}$조각을 더하면 $\frac{2}{5}$조각이 된다는 것은 말도 안 되는 이야기이다. 이 학생은 $\frac{1}{2}$, $\frac{1}{3}$, $\frac{2}{5}$라는 수의 의미를 전혀 이해하지 못하기 때문이다. 덧셈을 배우기 전에 먼저 $\frac{1}{2}$이라는 분수 개념을 이해해야 한다. 그런데 $\frac{1}{2}$이 빵을 2조각으로 나눈 것 중 1조각이라는 언어를 익히도록 하려면, 그냥 한두 번 가르쳐주고 넘어가서는 안 된다. 수없이 많은 그림을 보면서 익혀야 하는 언어이기 때문이다. 그런데 우리나라 수학 수업을 보면 언어를 익히는 과정은 빨리 넘어간다. 그리고 주로 계산하는 요령을 가르치는 데 에너지를 쓴다. 위의 식을 이해하기 위해서는 $\frac{1}{5} + \frac{2}{5}$같이 분모가 같은 분수의 덧셈 원리를 먼저 익혀야 한다.

이런 덧셈도 $\frac{1}{5}$이 빵 1개를 5조각으로 나눈 것 중 1조각이고, $\frac{2}{5}$는 빵 1개를 5조각으로 나눈 것 중 2조각이니까, 이 둘을 합하면 빵 1개를 5조각으로 나눈 것이 3조각이 되어서 $\frac{1}{5}+\frac{2}{5}=\frac{3}{5}$이 된다는 것을 그림을 통해 수없이 반복해야 한다. 그런데 우리는 빨리 계산하는 방법을 가르치기 위해 위와 같은 과정은 빠르게 몇 번 이야기하고 지나간다. 대신 분모가 같은 분수의 덧셈은 분모는 그대로 두고 분자 2개를 더하면 된다는 요령을 가르쳐준다. 그런 후 그 요령으로 기계적으로 많은 문제를 푸는 데 에너지를 쏟아붓게 한다. 이러한 교수법은 계산력을 높여줄지 모르지만, 오히려 수학이라는 언어를 익히는 것을 방해한다. 그림을 보여주어 $\frac{1}{2}=\frac{2}{4}=\frac{3}{6}$임을 알려주고, 수많은 언어로 습득하도록 해야 한다.

그림을 통해 학생이 빵을 2조각으로 나눈 것 중 1조각이나, 빵을 4조각으로 나눈 것 중 2조각이나, 빵을 6조각으로 나눈 것 중 3조각의 크기가 서로 같다는 것을 확인하도록 해야 한다. 이 과정이 수학적 사고력을 기르는 단계이다. $\frac{1\times3}{2\times3}=\frac{3}{6}$이라는 계산 방법은 단지 계산을 빠르게 하기 위한 요령이고, 기계적 훈련일 뿐이다. 이러한 훈련은 수학적 사고 과정을 키우는 것과는 거의 상관이 없다. 도리어 아이들에게 수학에 대한 흥미를 떨어뜨리게 해 수학적 사고 과정을 가로막는다.

$\frac{1}{2}$, $\frac{1}{3}$이라는 분수의 뜻을 알고 있는 학생은 $\frac{1}{2}+\frac{1}{3}$은 조각의 크기가 다르기 때문에 바로 덧셈을 할 수 없다는 사실을 안다. $\frac{1}{2}=\frac{2}{4}=\frac{3}{6}$이

고, $\frac{1}{3}=\frac{2}{6}=\frac{3}{9}$이라는 것을 언어로 이해하면, $\frac{1}{2}+\frac{1}{3}=\frac{2}{6}+\frac{3}{6}=\frac{5}{6}$가 된다는 것을 자연스럽게 익힐 수 있다. 언어를 익히기도 전에 분모가 다른 분수의 덧셈을 하는 요령만 가르쳐주면 안 된다.

요령만 배우고 기계적 훈련을 많이 하면, 학생은 이런 문제를 접할 때 수학적 언어의 뜻을 생각하지 않는다. 대신 분모가 다른 분수의 덧셈을 계산하는 요령을 기억해내려고 한다. '2와 3의 최소공배수는 6이니까, 공통분모를 6으로 만들어주자. $\frac{1}{2}$은 위아래에 똑같이 3씩 곱하고, $\frac{1}{3}$은 위아래에 똑같이 2씩 곱하면 $\frac{1}{2}+\frac{1}{3}=\frac{1\times3}{2\times3}+\frac{1\times2}{3\times2}$가 된다. 그리고 $\frac{3}{6}+\frac{2}{6}$는 분모가 같으니까 분모는 그대로 두고 분자끼리만 더하면 $\frac{5}{6}$이다.' 언어를 충분히 익히지 못한 상태에서 이러한 요령을 가르쳐주면, 학생은 이를 매우 고단하고 지루한 과정으로 여긴다. 이 같은 방식을 통해 계산을 빨리할 수 있게 된다고 해도, 시간이 지나면 금방 잊어버릴 뿐이다.

2. 훈련하면 안 될 최소공배수 · 최대공약수 구하는 요령

우리나라에서는 분모가 다른 분수의 덧셈을 계산하기 위해 최대공약수와 최소공배수 구하는 요령을 배운다.

```
3 | 12    18
2 | 4      6
    2      3
```

12와 18의 최소공배수를 구하기 위해 그림과 같이 먼저 12와 18을 똑같이 나눌 수 있는 수로 나눈다. 그리고 나서 왼쪽에 있는 수와 아래쪽에 있는 수를 모두 곱하면 최소공배수가 된다. 12와 18의 최소공배수는 $3 \times 2 \times 2 \times 3 = 36$이다. 이 방법은 최소공배수를 찾는 요령이다. 그런데 이 요령은 초등학교 학생이 이해하기에는 매우 어렵다. 어떤 의미인지도 모르는 채 기계적으로 반복하는 것은 어린아이에게 상당한 고통을 준다. 그 결과 수학은 매우 어렵고, 지겨운 학문이라는 생각을 갖는다. 그리고 이러한 것들 때문에 수학을 포기한다. 최소공배수 구하는 방법을 수없이 연습해 최소공배수를 빨리 찾을 수는 있다. 하지만 최소공배수를 빨리 찾는 게 수학적 사고 과정을 키우는 것과 무슨 관계가 있는가? 이러한 과정은 아이들에게 수학적 사고 과정을 키워주지 못한다. 최소공배수를 다음과 같이 생각하면서 찾는 것이 더 좋은 방법이다. 먼저 12의 배수와 18의 배수를 나열한다.

12의 배수 : 12, 24, 36, 48……
18의 배수 : 18, 36, 54, 72……

그리고 이 나열한 두 그룹에서 공통이면서 가장 작은 수를 찾는다. 이를 통해 12와 18의 최소공배수는 36이라는 것을 안다.

수학적 언어를 충분히 익힌 학생이 계산하는 요령을 알고, 요령대로 답을 찾는 것이 나쁘다는 얘기가 아니다. 아직 언어의 뜻을 익히지 않은 상태에서 요령을 가르치고 요령을 연습하는 데 에너지를 많이 쓰는 것이 나쁜 방법이라는 것이다. 이런 방법은 수학 공부를 많이 하는데도 수학을 싫어하게 되고 잘 못하게 만든다.

3. 분수의 곱셈

$\frac{1}{2} \times \frac{1}{3}$이 뭘까? 이 질문에 계산하는 방법을 잊어버렸다고 답하는 학생도 있고, $\frac{1}{6}$이라고 답하는 학생도 있다. 그럼 $\frac{1}{2} \times \frac{1}{3}$이 왜 $\frac{1}{6}$인지 질문하면 대부분은 "분수의 곱셈은 분모는 분모끼리 곱하고 분자는 분자끼리 곱하니까요"라고 답한다. 한발 더 나아가 "그럼 분수의 곱셈은 왜 분모는 분모끼리, 분자는 분자끼리 곱하면 되는 걸까?"라고 물으면 학생들은 "선생님이 그렇게 하라고 하셨어요"라고 대답한다. 수학은 언어인데 그 언어를 배우지 않고, 계산하는 방법만 외워서 공부했기 때문이다.

수학을 언어로 배운 학생들은 다음과 같이 답한다. "$\frac{1}{2}$은 절반이라는 뜻이에요. 예를 들어 빵이 절반 있는 것이 $\frac{1}{2}$입니다. $\frac{1}{2} \times \frac{1}{3}$이라는 것은 절반의 $\frac{1}{3}$만큼을 말합니다. 빵이 절반이 있는데 그것의 $\frac{1}{3}$만큼을 먹었으면 그것이 바로 $\frac{1}{2} \times \frac{1}{3}$입니다. $\frac{1}{2}$의 $\frac{1}{3}$은 빵 1개를 봤을 때는 $\frac{1}{6}$과 같아요. 그래서 $\frac{1}{2} \times \frac{1}{3}$은 $\frac{1}{6}$과 같습니다."

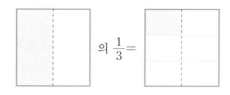

고등학생에게 이 같은 질문을 했을 때, 제대로 답하는 학생도 그리 많지 않다. 언어를 익히는 과정을 생략하고, 요령을 연습하는 데만 많

은 시간을 할애했기 때문이다.

**② ** *x* 문자의 의미 이해하기

수학이 너무 어렵다고 생각해 포기한 학생들에게, 뭐가 그렇게 어렵냐고 물었다. 많은 경우 "*x*가 너무 어려워요. *x*만 나오면 무슨 말인지 하나도 모르겠어요"라고 답한다. *x*는 모르는 수, 즉 미지수이다. 그런데 모르는 수를 *x*라는 문자로 표현하면 획기적으로 도약할 수 있다. 예를 들면 이런 것이다. 올해 엄마의 나이는 47세이고, 누나의 나이는 16세이다. 엄마 나이가 누나 나이의 2배가 되는 것은 몇 년 후인가? 이때 모르는 것을 *x*라고 표현하면 매우 획기적인 일이 발생한다. *x*가 뭔지 모르지만, *x*라고 표현하면 몇 년 후 엄마 나이가 $47+x$라고 표현할 수 있고, 누나 나이는 $16+x$라고 나타낼 수 있다. 그러면 다음의 식을 만들 수 있다.

$$47+x=2(16+x)$$
$$47+x=32+2x$$
$$x=15$$

그리고 이 식을 통해 답이 15라는 것을 매우 빨리 찾을 수 있다. 하지만 *x*가 들어간 이 식의 진정한 의미를 이해하기는 어렵다. 모르는 수를 *x*라는 문자로 표현한다는 것을 받아들이기까지 수백 년의 시간이 필요했다. 인간이 x를 받아들이기까지 긴 시간이 걸린 것은 x를 이해하기 위해서는 고도의 사고 과정이 필요하기 때문이다. 이렇게 어려운 것을 이건 미지수 x이고, 이 문제는 이런저런 방식으로 푸는 것이라고 가르치면, 학생에게는 더 어렵게 느껴질 수밖에 없다.

학생이 x를 받아들일 수 있도록 만드는 과정은 매우 중요하며, 이는 그들이 수학을 다시 시작할 수 있게 하는 근본 방안이다. 따라서 x를 사용하지 않고도 수리 언어 훈련을 통해, 다양한 상황을 수학적 언어로 표현하는 경험을 해보게 해야 한다.

이러한 과정 속에서 학생은 수학자가 자신을 괴롭히려고 x라는 것을 만든 것이 아니라는 사실을 깨닫는다. 또 x는 매우 많은 양의 정보를 짧게 표현할 수 있게 해주고, 문제를 빠르게 해결해주는 고도의 도구라는 것을 인식한다.

③ 함수의 의미 이해하기

중학생에게 수학에서 가장 어려운 것이 무엇이냐고 물으면 대부분은 함수라고 대답한다. 함수가 도대체 무슨 뜻인지 잘 모르겠다는 이야기를 많이 한다. '서울에서 380km 떨어진 대구까지 자동차를 타고 시속 80km 속도로 고속도로를 운전한다. x는 운전 시간이고, 남아 있는 거리의 길이를 y라 하면 $y=320-80x$이다.' 학생은 이러한 식을 매우 어려워한다. 앞에서 이미 언급했듯이 x, y라는 문자 자체가 어렵게 인식되기 때문이다. x, y 같은 문자가 있는 것만으로도 어려운데, 우리나라에서는 함수를 가르칠 때, x의 값이 변함에 따라 그에 대응하는 y의 값이 단 하나씩만 정해질 때 y를 x의 함수라고 가르친다. 그리고 정의역, 치역, 공역이라는 어려운 용어를 사용하며 그 뜻을 설명한다. 이러한 추상적인 개념은 학생을 고통스럽게 만든다. 함수를 이해하려면 먼저 x, y와 같은 문자를 사용하는 것에 대한 거부감을 없애는 것이 중요하다. 그러고 나서 함수의 뜻을 설명해야 한다. 함은 한자어로 상자를 말한다. 함수 하면 다음과 같은 마법 상자를 떠올릴 수 있어야 한다.

마법 상자에 1을 넣었더니 2가 나오고 2를 넣었더니 4가 나오고 3을 넣었더니 6이 나왔다. 이 상자는 어떤 수를 넣으면 그 수의 2배가 나오는 상자이다. 이 말을 간략하게 표현하면 상자에 넣는 수를 x, 나오는 수를 y라 할 때 $y=2x$라고 한다. 상자에 넣는 수와 나오는 수의 관계를 나타내는 것이 바로 함수이다. 이러한 언어를 훈련하면 함수를 쉽게 인식할 수 있다.

개인적으로는 선행 학습에 반대한다. 그런데 언어 훈련을 하면 어떠한 변화가 생기는지 알아보기 위해 가까이에 있는 아이들을 대상으로 실험을 해보았다. 선행 학습을 하지 않은 초등학교 5학년 학생에게 다음의 중학교 1학년 수준의 함수 문제를 풀어보도록 한 것이다. 이 문제는 방정식과 함수의 내용을 담아, 중학생 중에도 못 푸는 경우가 많다.

물론 초등생은 일반적으로 풀 수 없다.

1. 휘발유 3L로 36km를 갈 수 있는 자동차가 있다. 이 자동차가 휘발유 xL로 갈 수 있는 거리를 $y$km라 할 때, x와 y 사이의 관계를 식으로 나타내면?

2. 물탱크에 물 6,000L가 있다. 탱크에 달린 수도꼭지를 열면 1분에 20L의 속도로 물이 흐른다. 탱크에 있는 물이 모두 빠져나오는 데 몇 시간이 걸리겠는가?

3. 한 달 휴대폰 요금은 $20000+108x$원이다. x는 통화량(분)이다. 요금이 36,200원이 나왔다면 몇 분 동안 통화한 것인가?

4. 서울에서 대구까지 자동차를 타고 고속도로를 운전한다. 남아 있는 거리의 길이는 $320-80x$이다. x는 운전 시간이다. 서울에서 대구까지 모두 몇 시간이 걸리는가?

5. 마라톤 대회에서 음료수를 두는 탁자는 출발점에서 출발 후 5km 지점에 처음으로 있고, 그 이후에는 3km마다 마련되어 있다. 출발점에서 n 번째 음료수가 놓여 있는 탁자까지의 거리를 나타내는 식을 쓰시오.

그 학생은 이 중 한 문제만 풀었고, 나머지 문제는 풀지 못했다. 함수를 전혀 배우지 않기 때문에 문제가 무슨 뜻인지 이해하지 못했다. 이 학생에게 다음에 제시한 5차원 융합수리 언어 훈련 편 문제를 풀도록 했다. 이 수리 언어 훈련은 초등학교 5학년에게도 쉬운 것이어서 학생들은 빠른 시간 안에 스스로 풀 수 있었다. 2시간 정도 훈련한 다음 다시 함수 관련 문제를 풀어보도록 했다.

예제 1

세연이는 / 진기보다 / 100원을 / 더 많이 가지고 있다.

진기가 가진 돈이 1,000원이면, 세연이가 가진 돈은 1000＋100원이다.

진기가 가진 돈이 2,000원이면, 세연이가 가진 돈은 (2000)＋100원이다.

진기가 가진 돈이 3,000원이면, 세연이가 가진 돈은 (3000)＋100원이다.

→ (세연이가 가진 돈)＝(진기가 가진 돈)＋(100)

예제 2

세연이는 / 진기보다 / 2배 / 더 많은 돈을 가지고 있다.

진기가 가진 돈이 1,000원이면, 세연이가 가진 돈은 2×1000원이다.

진기가 가진 돈이 2,000원이면, 세연이가 가진 돈은 2×(2000)원이다.

진기가 가진 돈이 3,000원이면, 세연이가 가진 돈은 2×(3000)원이다.

→ (세연이가 가진 돈)＝(진기가 가진 돈)×(2)

예제 3

마법 상자에 / 어떤 수를 넣으면 / 1이 더한 수가 나온다.

넣은 수	1	2	3	4	5
나온 수	2	3	4	5	6

→ (마법 상자에서 나온 수)＝(마법 상자에 넣은 수)＋1

→ y : 마법 상자에서 나온 수, x : 마법 상자에 넣은 수라 하면, $(y=x+1)$

일반적으로 방정식과 함수 문제는 초등학생이 배우지 않은 영역이다. 그러므로 우선 선행 학습을 해서 방정식이나 함수 관련 지식을 배워야만 문제를 풀 수 있다고 생각한다. 하지만 수리 언어 훈련 원리만 익혔는데도 다음과 같이 문제를 다 풀었다. 원리를 이해하는 것이 문제를 푸는 가장 정확하고 빠른 방법이다.

1L = 12km

1. 휘발유 3L로 36km를 갈 수 있는 자동차가 있습니다. 이 자동차가 휘발유 xL로 갈 수 있는 거리를 $y$km라 할 때, x와 y 사이의 관계를 식으로 나타내면?

$$y = x \times 12$$

2. 물탱크에 물이 6,000L 있다. 탱크에 달린 수도꼭지를 열면 1분에 20L의 속도로 물이 흐른다. 탱크에 있는 물이 모두 빠져나오는 데 몇 시간이 걸리겠는가? 5시간

$$y = 6000 - 200$$

$20\overline{)6000} = 300 \qquad 60\overline{)300} = 5$

3. 한 달 핸드폰 요금은 $20000 + 108x$원이다. x는 통화량(분)이다. 요금이 36,200원이 나왔다면, 몇 분 동안 통화를 한 것인가요? 150분

$$\begin{array}{r} 36200 \\ -20000 \\ \hline 16200 \end{array}$$

$108\overline{)16200} = 150$

$$\begin{array}{r} 150 \\ -108 \\ \hline \end{array}$$

$$\begin{array}{r} 108 \\ \times 5 \\ \hline 540 \\ 1080 \end{array}$$

4. 서울에서 대구까지 자동차를 타고 고속도로를 운전한다. 남아 있는 거리의 길이는 $320 - 80x$이다. x는 운전 시간이다. 서울에서 대구까지 모두 몇 시간이 걸리는가? 4시간

$$320 -$$

5. 마라톤 대회에서 음료수가 놓여 있는 탁자는 출발점에서 출발 후 5km 지점에 처음으로 있고 그 이후에는 3km 마다 마련되어 있다. 출발점에서 n 번째 음료수가 놓여 있는 탁자까지의 거리를 나타내는 식을 쓰시오. $3n + 2$

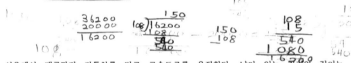

x	1	2	3	4
거리	5	8	11	14

④ 방정식의 의미 이해하기

수학에서 가장 중요한 것이 함수라고 했는데, 방정식은 함수와 거의 같다. $y=2x+1$을 함수라고도 하지만, 이것을 직선의 방정식이라고도 한다. 이 함수를 그래프로 나타내면 직선이 되는데, 직선을 나타내는 식이라는 뜻으로 이렇게 이름을 붙인 것이다. 어떤 수를 넣으면 그 수에 2배를 하고 1을 더한 수가 나오는 상자가 있다. 그 상자에서 11이라는 숫자가 나왔다. 어떤 수를 넣은 것일까? 이 문제를 해결하는 것이 바로 방정식의 풀이다. 앞에서 말한 상자를 수학적 언어로 나타내면 $y=2x+1$이다. 또 상자에서 11이라는 숫자가 나왔을 때, 넣은 수를 구하라는 것은 $2x+1=11$을 만족하는 x의 값을 구하는 것이다.

우리나라 학생들이 방정식을 공부하는 과정을 살펴보자. 방정식의 뜻을 배우고 등식의 성질을 공부한다. 등식의 성질이란 같은 수를 양변에 더하거나 빼거나 곱하거나 나누어도 같은 것을 말한다. 사실 방정식에서는 이 부분이 중요한데, 우리나라에서는 그냥 한 번 설명해주고 빠르게 넘어가는 경우가 대부분이다.

$3x+2=11$과 같은 방정식을 풀기 위해서는 2를 오른쪽으로 이항해 $3x=11-2$가 되게 만들고, $3x=9$에서 양변을 똑같이 3으로 나누면 $x=3$이 된다는 방법을 배운다. 이항이라는 것은 방정식을 계산하는 요령이다. 등식의 성질을 충분히 익히지 않은 학생이 이항하는 요령만 배우면, 수학적 사고 과정을 배우는 기회를 빼앗길 수 있다. 수학 선생님이나 소수 학생에게는 이런 과정이 아무런 무리가 없지만, 많은 학생에게는 매우 어려운 내용이기도 하다. 방정식을 배울 때는 저울을

통해 양쪽에 똑같이 더하거나, 빼거나, 곱하거나, 나누어도 저울이 수평을 유지한다는 것을 반복해서 보여주고, 그것을 식으로 나타내는 과정이 매우 중요하다.

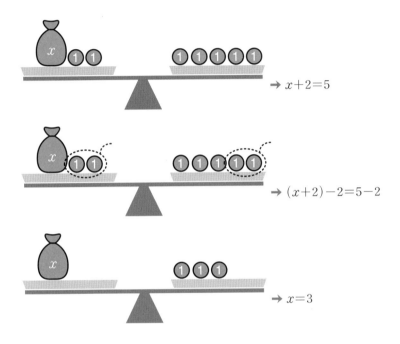

$$\rightarrow x+2=5$$

$$\rightarrow (x+2)-2=5-2$$

$$\rightarrow x=3$$

　이런 방식을 통해 학생은 방정식의 의미를 이해하고, 이후 어려워 보이는 문제가 나오더라도 포기하지 않고 스스로 생각하면서 해결하는 능력을 갖춘다.

　학교에서는 방정식을 푸는 방법을 배운 후 방정식의 활용을 배운다. 그런데 활용 문제를 보면 실생활에서 사용하는 비교적 쉬운 활용 문제는 몇 개뿐이다. 그리고 대부분 삶과는 매우 동떨어진 소금물 농도나 속력과 관련한 문제를 푼다. 학생은 소금물이나 속력 관련한 방정식 문제를 매우 어려워한다. 이를 극복하기 위해 굉장히 많은 시간을 사용한다. 그래도 도저히 이해가 되지 않으면 풀이 방법을 외워버리거나, 같은 유형의 문제를 반복 연습해서 해결해보려고 한다. 이 과정은 학생에게는 굉장히 고통스러운 과정이기 때문에 많은 학생이 이 과정에서 수학을 포기한다. 필자도 오랫동안 소금물 농도 문제가 중요한 줄 알고 있었다. 그래서 학생이 이런 유형의 문제를 잘 풀 수 있도록 하는 데 에너지를 쏟아부었다. 하지만 소금물이나 속력과 관련한 방정식 활용 문제는 수학적 사고 능력을 높이는 데 별로 도움이 되지 않는다. 농도나 속력의 개념 등은 수학보다는 물리 시간에 배워야 하는 내용이다. 이런 물리 개념을 잘 모르는 상태에서 이와 관련된 방정식 활용 문제를 공식을 이용해 풀이하는 것은 학생에게는 굉장히 고통스러운 과정일 뿐이다.

선행 학습을 하지 않은 초등학교 5학년 B 학생에게 다음의 방정식 활용 문제를 풀게 했다.

1. 2007년 핀란드에는 소가 양보다 9배 더 많고, 돼지는 소보다 50만 마리 더 많았다. 이 가축들의 총 마릿수는 240만 마리였다. 2007년 핀란드의 소, 양, 돼지의 마릿수를 계산하시오.
2. 핀란드의 2007년도 곡물 수확량은 모두 합해 8억 8,000만kg이었다. 호밀 수확량은 가을밀 수확량보다 6,000만kg 적었고, 봄밀 수확량은 가을밀 수확량보다 4억 9,000만kg 많았다. 2007년의 가을밀, 호밀, 봄밀의 수확량을 계산하시오.

3. 말코손바닥사슴 수컷 세 마리의 뿔에는 가지가 모두 32개 있다. 가장 큰 사슴은 가장 작은 사슴보다 가지가 4배 많다. 중간 크기의 사슴은 가장 작은 사슴보다 가지가 8개 더 많다. 이 세 마리의 말코손바닥사슴의 뿔에 있는 가지의 수는 각각 몇 개인가?

※출처 : 핀란드 중학교 수학 교과서 7

물론 처음에는 이런 문제를 당연히 풀지 못했다. 그런데 x를 익히게 하는 언어 훈련, 저울을 통해 방정식 원리를 이해하는 훈련을 하고 나서 이 문제를 다시 풀어보도록 했다. 그 결과 그렇게 어렵게 생각했던 문제를 다음과 같이 쉽게 푸는 것을 확인할 수 있었다.

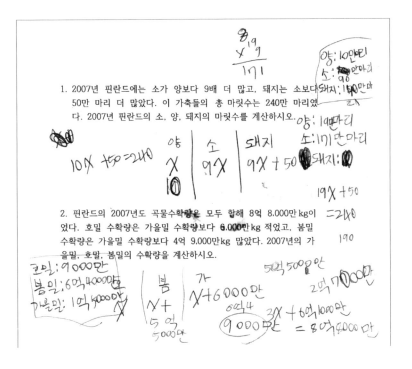

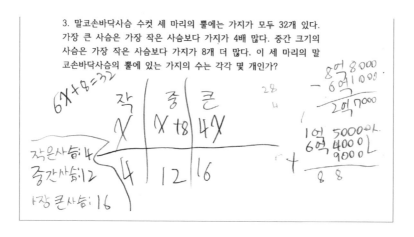

5 그래프의 의미 이해하기

수학에서 가장 중요한 것은 함수인데, 이 함수를 그림·도표의 언어로 표현하면 함수의 특징을 한눈에 파악할 수 있다. 좌표평면을 이용해 함수를 그림·도표의 언어로 나타낸 것이 바로 함수의 그래프이다. 함수의 그래프를 배울 때는 이 그래프가 무엇을 나타내는지 이해하는 것이 가장 중요하다.

학생은 '이차함수 $y = x^2 - 4x + 5$의 그래프를 그리시오' 같은 수학 문제를 매우 어려워한다. 우리나라에서는 이런 유형의 문제를 중요하게 여겨 그래프 그리는 방법을 가르치는 데 상당한 에너지를 사용한다. 그래프를 그리기 위해 먼저 $y = x^2 - 4x + 5$를 아래와 같이 완전제곱 꼴로 변형하는 요령을 가르쳐주고, 연습을 많이 시킨다.

$$y = (x^2 - 4x + 4) - 4 + 5$$
$$y = (x^2 - 4x + 4) + 1$$
$$y = (x - 2)^2 + 1$$

이러한 꼴로 고쳤을 때 꼭짓점이 $(2, 1)$이 되고 아래로 볼록한 그래프라는 것을 가르쳐주고 그림을 그리도록 한다. 이러한 과정이 어떠한 의미가 있을까? 학생은 이러한 요령을 배우는 것을 매우 어렵게 생각하고, 수학은 실생활에 도움이 되지 않는다고 여겨 수학을 포기한다.

실제로 우리나라 고등학생과 미국에서 고등학교에 다니는 아이에게 이차함수 $y = x^2 - 4x + 5$의 그래프를 그려보도록 했다. 우리나라 학생은 그래프 그리는 요령을 생각해냈다. 그러고는 위의 식을 $y = (x - 2)^2 + 1$과 같은 완전제곱 꼴로 고치고 꼭짓점을 원점을 중심으로 위로 두 칸, 오른쪽으로 한 칸 간 곳에 찍는 그래프를 그렸다. 완전제곱 꼴로 고치는 것은 훈련을 많이 해서 외운 것을 기억해냈는데, 점을 찍는 것은 훈련을 많이 하지 않아 헷갈린 것이다. 반면 미국에서 고등학교에 다니는 학생은 이 문제를 보자마자 가방에서 계산기를 꺼냈다. 그래프는 항상 계산기로 확인한다고 했다. 실제로 미국에서는 수능시험에 해당하는 SAT 시험에서도 계산기를 사용해 그래프를 그린다.

그래프를 빨리 잘 그리는 요령은 중요하지 않다. 그래프를 그리는 요령보다는 이차함수가 나타내는 언어의 의미를 이해하는 것이 중요하다. $y = x^2 - 4x + 5$와 같은 함수를 이해하기 위해 x에 0을 넣으면 5가 되고, x에 1을 넣으면 2가 되고, x에 2를 넣으면 1이 되고, x에 3을 넣으면 2가 된다는 것을 확인한다. 그리고 좌표평면에 점을 찍으며

x값이 커지면서 점차 함수값이 작아지다가, $x=2$를 지나면서 함수값이 다시 커진다는 사실을 그림을 통해 이해할 수 있다. 이러한 과정을 통해 이차함수 $y=x^2-4x+5$의 의미를 알아가는 것이 중요하다.

우리나라 학생은 이차함수를 빠르게 그리는 요령을 배우고 연습하는 데 에너지를 다 써서, 나중에는 $(2, 1)$을 좌표평면 어디에 찍어야 하는 지도 혼동하는 일이 발생한다. 함수의 그래프를 이해하기 위해서는 우선 점을 좌표평면에 찍어보고, 좌표평면에 있는 점을 순서쌍으로 나타내는 과정이 매우 중요하다. 그런데 이렇게 중요한 부분을 중학교 1학년 때 몇 번 가르쳐주고 빠르게 넘어가므로, 이차함수가 좌표에서 어떤 특성을 보이는지 잘 이해하지 못하는 것이다.

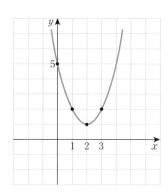

2

수학적 언어 훈련을 해야 한다

1 수학의 1대원리와 5소원칙

수학은 1대원리와 5소원칙으로 이루어져 있다. 1대원리는 수학은 함수로 표현하는 언어라는 것이다. 수학적 언어는 수나 식 등 자연 세계의 규칙을 표현하는 언어를 말한다. 사회와 자연에 존재하는 현상을 수학적 언어인 함수의 식으로 표현하기 위해서는 압축이 필요하다. 그래서 무척 어려운 듯 보인다. 정말 어려운 것이 아니라 심하게 압축되었기에 어려워 보이는 것이다. 압축한 함수를 이해하면 사회현상과 자연현상의 본질적 특성을 쉽게 알 수 있고, 이와 관련한 문제를 해결할 수 있다. 고등학교 때까지 여러 함수를 배운다. 함수 종류가 다양한 것이 아니라, 다양한 사회현상과 자연현상이 존재하므로 이를 표현하려다 보니 여러 함수를 사용하게 된 것이다. 그중 우리가 가장 많이 경험하는 현상은 일차함수이다.

- 1시간에 60km 빠르기로 간다. $y=60x$
- 휘발유 1L당 1,650원이다. $y=1650x$
- 수돗물이 1분당 80L 나온다. $y=80x$
- 100m 올라갈 때마다 기온이 0.6°C씩 떨어진다. $y=-0.006x+15$

이와 같은 일차함수는 초등학교, 중학교에서 배운다. 우리가 실제로 경험하는 현상은 대부분 일차함수적인 현상이다. 그러나 세상에 일차함수만 존재하는 것은 아니다. 일반 도로에서 시속 60km로 달릴 때, 앞차와 간격이 10m 이상이어야 안전하다면, 고속도로에서 시속 120km로 달리면 몇 미터 간격 이상이어야 안전할까? 대부분의 사람은 20m라고 답한다. 그러나 브레이크를 밟은 후 몇 초 후에 자동차가 서는 현상은 일차함수가 아니라 이차함수이다. 그래서 시속이 2배가 되면, 안전거리는 4배가 되어야 한다. 공을 던졌을 때 시간과 공의 위치처럼 물리에서 배우는 운동과 관련한 현상도 이차함수이다. 중학교 3학년, 고등학교 1학년에서 배운다.

고등학교 1학년에서는 유리함수, 무리함수, 삼각함수를 배우고, 고등학교 2학년에서는 지수함수, 로그함수를 배운다. 돈과 인구가 불어나는 현상은 모두 지수함수로 나타낼 수 있다. 주기적으로 반복되는 현상은 삼각함수로 표현할 수 있다.

- 초등: $y=1+x$
- 중등: $y=1+x+x^2$
- 고등 1학년: $y=1+x+x^2+\dfrac{1}{x}+\sqrt{x}+\sin x$

• 고등 2학년: $y = 1 + x + x^2 + \dfrac{1}{x} + \sqrt{x} + \sin x + 2^x + \log x$

수학의 1대원리인 '수학은 함수로 표현하는 언어'라는 것을 기억하면, 초등학교부터 고등학교까지 배우는 수학 내용이 간단하게 느껴진다. 수학은 논리적 사고방식을 바탕으로 문제를 풀어가는 과목이라고 알고 있지만, 무엇이 논리적 사고방식인지는 잘 모른다.

어떤 문제를 풀어갈 때 그 사건을 함축하고, 변형하고, 구체화하며, 패턴화해나가는 것이 많은 문제를 해결하는 힘이 된다. 이것이 바로 5소원칙이다. 수학 문제를 푸는 데 수많은 방법이 존재하는 것처럼 보이지만 이를 분류해보면 다섯 가지 방법으로 압축되며, 이 다섯 가지 방법을 5소원칙이라고 한다.

소원칙 1: 함축화 능력

함축화란 서술적 언어를 수학적 언어로 변환하는 능력을 말한다. 서술적 언어의 정보를 수학적 언어로 바꾸면 지적 힘을 크게 발휘할 수 있다. 1을 넣었을 때 4가 나오고 2를 넣었을 때 7이 나오고 3을 넣었을 때 10이 나오는 상자를 보고, 이 상자는 $y = 3x + 1$이라고 표현하는 것이 그 예이다.

서술적 언어를 수학적 언어로 나타내려면 먼저 서술적 언어를 이해해야 한다. 서술적 언어를 잘 이해하기 위해서는 사선을 치며 읽는 방법이 있다. 사선을 치는 것은 길고 복잡한 것도 나누면 쉽게 생각할 수 있기 때문이다. 쉽고 짧은 문장이야 사선을 치든 치지 않든 큰 차이가 없지만, 길고 복잡한 문장은 다르다. 나누지 않으면 너무 길어서 쉬운 것도 어렵게 느껴지기 때문이다.

그다음에는 사선 친 부분을 수학적 언어로 바꾼다. 수학적 언어로 바꾼다는 것은 서술적 언어로 표현한 것의 규칙을 생각해보고 그것을 숫자, 문자, 사칙연산, 등호·부등호, 그 외 몇몇 기호로 표현한다는 것을 의미한다. 수학에서 사용하는 기호에 겁을 먹는 사람이 많다. 그런데 영어를 배울 때 외워야 하는 단어 수에 비하면, 실상 수학에서 사용하는 기호는 그리 많지 않다. 몇 개 되지 않는 단어로 모든 것을 매우 간결하게 표현할 수 있는 것이 바로 수학적 언어의 힘이다.

예제 1

세연이와 진기는 1만 원을 나눠 가지려고 한다. 세연이는 진기보다 3,000원을 더 가지고 있다. 진기가 가지고 있는 돈은 얼마인가?

➡ 세연이와 진기는 1만 원을 나눠 가지려고 한다. / 세연이는 진기보다 3,000원을 더 가지고 있다. / 진기가 가지고 있는 돈은 얼마인가?

➡ 진기가 가진 돈: x

세연이가 가진 돈: $x+3000$

1만 원을 나눠 가진다: $x+3000+x=10000$

예제 2

한 달 휴대폰 요금은 기본요금이 1만 원이고 통화료는 1분당 200원이다. x는 통화량(분)이고 y는 휴대폰 요금이라고 할 때 x와 y 사이의 관계를 식으로 나타내라.

→ 한 달 휴대폰 요금은 기본요금이 1만 원이고/통화료는 1분당 200원이다./x는 통화량(분)이고/y는 휴대폰 요금이라고 할 때,/x와 y 사이의 관계를 식으로 나타내라.

→ 통화량: x

휴대폰 요금: y

1분당 통화료 200원: $200x$

기본요금 1만 원일 때, 휴대폰 요금: $y = 10000 + 200x$

소원칙 2: 변형화 능력

변형화는 수학적 언어를 다른 수학적 언어로 변환하는 능력이다. 계산을 통해 $297 + 74 = \square$라는 문제를 풀 수 있다. 하지만 변형화하는 능력이 있는 사람은 $297 + 74 = 300 + 71 = \square$라는 문제로 변형해 371이라는 답을 구할 수 있다. 계산력도 중요한 능력이지만, 변형 능력은 더 고도화된 수학적 사고력이다. 계산 능력은 변형화 능력에 포함되는 개념이다. 수학에서 문제를 해결하는 과정을 살펴보면, 문제의 뜻에 맞게 수학적 언어인 식으로 나타낸 후, 그것을 다른 수학적 언어로 변형하는 과정이라 할 수 있다.

예제 1

$$\frac{1}{2} + \frac{1}{3} \quad \rightarrow \quad \frac{3}{6} + \frac{2}{6}$$

$$\rightarrow \quad \frac{5}{6}$$

예제 2

$$0.3x + 0.1 = 0.2x + 0.4$$
$$\rightarrow 10(0.3x + 0.1) = 10(0.2x + 0.4)$$
$$\rightarrow 3x + 1 = 2x + 4$$
$$\rightarrow x = 3$$

소원칙 3: 구체화 능력

구체화는 수학적 언어로 표현한 정보를 서술적 언어나 그림·도표 언어로 바꾸는 활동이다. 수학적 언어는 매우 함축적이다. 그래서 수학적 언어를 접하면 그것이 무엇을 의미하는지 알 수 없을 때가 많다. 그럴 때 구체화를 통해 수학적 언어로 표현한 정보를 서술적 언어나 그림·도표의 언어로 바꿈으로써 수학적 언어의 뜻을 이해할 수 있다.

예제 1

$\frac{1}{2} + \frac{1}{3}$ → 세연이는 빵을 2조각으로 나눈 것 중 1조각을 먹고, 진기는 빵을 3조각으로 나눈 것 중 1조각을 먹었다. 세연이와 진기가 먹은 빵의 양은 전부 얼마인가?

예제 2

$y = 2x$ → 마법 상자에 1을 넣으면 2×1이 나오고, 2를 넣으면 2×2가 나오고, 3을 넣으면 2×3이 나온다. 이 상자는 어떤 수를 넣으면 그 수의 2배가 나오는 상자이다.

소원칙 4: 패턴화 능력

수학 문제는 곧 현상이 반복되는 패턴을 찾는 것이다. 그림에서 규칙성을 찾거나, 주어진 식에 숫자를 대입하고 이를 통해 나타나는 데이터의 규칙을 찾는 것이다. 1, 3, 5, 7, 9, 11…… 같은 문제나 1, 3, 6, 10, 15, 21…… 같은 유형이다.

소원칙 5는 서술적 언어를 그림·도표 언어로, 그림·도표의 언어를 수학적 언어나 서술적 언어로, 서술적 언어를 다른 서술적 언어로, 그림·도표의 언어를 다른 그림·도표의 언어로 바꾸는 약간의 예외를 다룬다.

이와 같은 1대원리 5소원칙의 수학적 언어 훈련을 통해 사고력을 증진하고, 상상력을 향상해 누구나 수학 학습을 통해 융합적 능력을 갖출 수 있다.

3
가속화 학습이 이루어져야 한다

5차원 수학을 통해 가속화 학습의 기반을 마련할 수 있다. 가속화 학습 방법은 먼저 언어 수용성 훈련을 통해 핵심 원리를 이해하도록 하는 것이다. 그리고 나머지 내용은 학생 스스로 학습하도록 한다. 아울러 학문의 9단계를 통해 정보의 입수, 고도화, 표출 능력이 향상되도록 한다. 이런 방식으로 가속화 학습을 체득한 학생은 수학 학습 능력이 향상될 뿐 아니라, 사회·역사·과학 등 타 과목에서도 가속화 학습을 적용하는 것을 확인할 수 있었다.

가속화 학습 능력은 지적 훈련만으로 얻을 수 있는 것이 아니다. 교육 결과는 피교육자의 수용성과 본질적으로 연관이 있다. 즉 양질의 교육을 제공했을 때 그것을 받아들이는 수용성이 높은 사람에게 좋은 결과가 나오는 것이다. 그런데 수용성은 인간의 전인격적 인성, 즉 지성의 틀, 마음의 틀, 몸의 틀, 자기관리의 틀, 그리고 인간관계의 틀과 연결되어 있다. 따라서 다섯 가지 틀을 회복시켜 전인격적 인성을 갖출

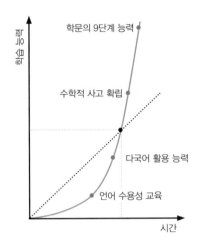

가
속
화

학
습
모
형

수 있는 교육을 함께 실시해야 한다.

특별히 가속화 교육을 시행하는 데 있어 필히 일어나는 현상 하나를 이해하는 것이 중요하다. 가속화 학습이 일어나기 전 일정 기간까지는 투입된 에너지에 비해 매우 미미한 교육 결과가 나타난다. 이 때문에 많은 사람이 가속화 학습을 포기하거나 실시하지 못한다. 가속의 물리적 법칙은 $y = x^2$이라는 이차방정식으로 나타난다. 이 법칙은 일정한 수 1에 이르기까지는 결과가 좋지 않게 나온다. 0.1을 넣으면 $0.1^2 = 0.01$이 나온다. 내가 투입한 에너지의 10%밖에 안 나오는 것이다. 0.5를 넣으면 $0.5^2 = 0.25$, 즉 50%가 나온다. 하지만 1을 지나 2를 넣으면 $2^2 = 4$, 3을 넣으면 $3^2 = 9$로 엄청난 가속이 나온다. 인간의 사고 능력이 바뀌는 과정은 이렇게 비효율적인 것처럼 보이는 시기가 있으며, 이 기간을 바르게 넘겼을 때 위의 그림과 같이 기적처럼 보이는 가속화가 일어난다.

3부

—

내 삶과 연결된
수학

1

수학은 현실적 삶과 연결되어 있다

수학을 남을 이기기 위한 도구 정도로 생각하는 사람이 많다. 하지만 이를 넘어 수학 공부를 통해 아이에게 자신의 삶을 올바르게 살아내는 자세를 가르쳐줄 수 있어야 한다.

필자의 아이가 학교에서 돌아와 같은 반 친구 이야기를 한 적이 있다. 그 친구는 "나는 수학으로 너를 이길 거야. 그게 내 목표야"라는 말을 자주 한다고 했다. 아직 초등학생밖에 안 된 어린아이가 친구를 이기기 위해서 공부를 한다는 것이 참 안타까웠다. 그래서 아이에게 이렇게 말해주었다. "공부는 다른 친구를 이기기 위해서 하는 게 아니고, 내 이웃에게 도움을 주기 위해서 하는 거란다. 친구가 잘 모르고 있구나."

수학을 잘하고, 수학을 열심히 공부하는 많은 아이들이 이러한 생각에 머물러 있다. 반면 수학을 잘 못한다고 크게 좌절하고, 무력감을 느끼는 아이들도 많다. 하지만 수학 공부를 통해서도 무언가를 잘한다고 교만하지 않으며, 잘하지 못한다고 비굴하지 않는 삶의 태도를 말해줄 수 있어야 한다.

수학은 현실적 삶과 연결되어 있는 과목이다. 학교에서 배우는 교과 중 중요 교과 세 과목은 국어, 영어, 수학이다. 국어와 영어를 왜 공부해야 하는지 모르겠다고 말하는 사람은 거의 없다. 그러나 수학의 경우에는 심지어 수학을 매우 잘하는 학생조차 수학을 왜 공부해야 하는지 모르는 경우가 많다.

수학은 매우 추상적 언어이기 때문에 실생활과 어떤 관련이 있는지 연결하기가 쉽지 않다. 그러나 앞 장에서 수학의 핵심은 함수이고, 함수는 자연현상이나 사회현상을 표현한 언어임을 살펴보았다. 이 부분만 잘 읽어보아도 수학은 실생활과 매우 밀접한 관계가 있음을 알게 된다. 또 수학 공부가 유익하다는 사실을 알면 수학을 공부하는 데 동기부여가 된다. 그럼 수학을 공부하면 어떤 유익이 있을까?

첫째, 자연현상과 사회현상을 이해하는 언어를 알게 된다. 언어를 배우는 것은 이러한 의미가 있다. 100개의 지식이 있다고 하자. 내가 한 국어만 안다면 60개의 지식을 접하게 된다고 하자. 그러나 영어를 안다면 80개의 지식을 접할 수 있다고 하자. 21세기는 정보화 시대이다. 정보를 얼마나 많이 접하고 처리할 수 있느냐에 따라 삶의 질이 크게 달라진다. 그런 의미에서 60개의 지식만 접하는 사람과 80개의 지식을 접하는 사람은 차원이 다르다. 수학도 하나의 언어이기에 수학이라는 언어를 사용할 수 있는 사람과 그렇지 않은 사람은 다르다.

수학은 매우 복잡하고 전문적인 정보를 표현하거나 처리할 때 사용한다. 경제 서적을 펴보자. 수학식을 무수히 나열한 것을 볼 수 있다. 또 수학은 자연 세계의 지식을 표현한다. 물리, 화학, 지구과학, 생물

등 학문 영역에 수학이 쓰이는 것은 이와 같은 이유 때문이다. 수학이라는 언어를 모르는 사람은 수학이라는 언어로 표현한 정보를 접할 수 없다. 갈릴레오는 "자연은 신이 쓴 수학책"이라고 말했다. 수학이라는 언어를 익히면 자연을 이해할 수 있다. 자연을 표현한 언어가 바로 수학이기 때문이다.

둘째, 문제 해결 능력이 향상된다. 수학이라는 언어는 어떤 정보를 표현해줄 뿐만 아니라 해결할 수 없던 문제를 해결하게 해주는 언어이다. 초등학교 수준의 수학을 배우면 시계를 보고, 무게와 길이를 재고, 양을 비교하는 등 다양한 측정 방법을 익힌다. 또 지하철을 타고 목적지로 향할 때 1호선을 타다가 2호선으로 갈아타는 것이 빠른지, 5호선을 타다가 2호선으로 갈아타는 것이 빠른지 알 수 있다. 어떤 공원의 입장료가 2,000원인데 20명 이상 단체는 50% 할인해준다고 한다. 수학을 하는 학생이라면 11명만 있어도 단체 티켓을 사자고 제안할 것이다. 250g에 1,200원인 치약과 300g에 1,500원인 치약 중 250g짜리가 더 싸다는 것도 쉽게 알 수 있다.

중학교 수준의 수학을 배웠다고 하자. 속력과 자동차의 제동 거리가 이차함수 현상이므로 고속도로에서 앞차와 간격을 어느 정도 유지해야 하는지 알 수 있다. 높이에 따른 온도의 변화라는 현상을 이해하면 백두산에 올라갈 때 어떤 옷을 가져갈지 계획할 수 있다.

또 하나의 예를 들어보자. 칸트는 독일의 유명한 철학자이다. 그는 매일 아침 산책을 했는데, 같은 시간에 같은 장소를 산책했다고 전해진다. 마을 사람들은 이 모습을 지켜보다가 이러한 궁금증을 갖게 되었다고 한다. 칸트가 산책할 때 강의 다리를 모두 한 번씩만 지나갔을까? 그것이 가능한지 불가능한지 모든 경우를 다 생각해보려면 무려 7!(5040)가지 경우를 고려해야 한다. 좀 더 쉽게 이 문제를 해결할 수는 없을까? 문제를 수학적으로 생각하면 된다. 이 마을을 그림으로 그리면 다음과 같다.

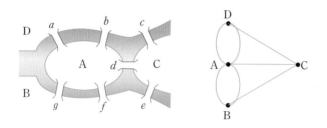

칸트가 이 다리를 모두 한 번씩 지난다는 것은 수학적으로는 이 도형이 한붓그리기가 가능한가의 문제와 같다. 이 도형은 홀수점이 4개이므로 한붓그리기가 불가능하다는 것은 중1 수준의 도형만 배워도 금방 알 수 있다. 건축을 할 때, 각 마을을 한 번씩 모두 갈 수 있도록 다리를 놓으려면 어떻게 설계해야 하는가 하는 문제도 같은 방법으로 해결할 수 있다. 이러한 문제도 중학교 수준의 수학만으로 충분히 해결할 수 있는 것이다.

고등학교 수학을 배웠다면 적금을 들면 10년 후에 얼마를 받을지 예측할 수 있고, 신용카드를 사용한 경우 수수료가 시간이 지남에 따라 어떻게 변화하는지 알게 된다. 보험을 들 때, 고등학교 때 배운 수학 지식으로도 어떤 회사 제품이 자신에게 더 유리한지 비교할 수 있다. 수학에서 확률은 옛날에 사람들이 도박을 하다 돈을 배분하는 문제를 해결하려 만든 것이다. 그와 관련한 문제를 소개하면 다음과 같다.

철수와 영희가 게임을 했다. 다섯 게임을 먼저 이기는 사람이 내기 돈을 모두 갖기로 했다. 그런데 게임을 하다가 게임을 중단할 수밖에 없는 일이 생겼다. 엄마에게 들킨 것이다. 현재 영희는 네 번 이겼고 철수는 세 번 이겼다. 그래서 할 수 없이 내기 돈을 나누어 가지기로 했다. 그러면 내기 돈을 어떻게 나눠야 공정할까?

수학을 잘 못하는 사람이라면 그냥 간단하게 4:3으로 나누면 될 거라고 생각한다. 그러나 영희가 만약 수학을 잘하는 학생이라면 이에 이의를 제기할 것이다. 돈을 3:1로 나누는 것이 정답이다. 결론적으로 영희가 철수보다 돈을 더 많이 가져야 공정하다. 그 이유가 궁금하다면 확률을 공부하면 된다.

나중에 공원 관리자가 되어 연간 매상액을 예측할 때, 하루 동안 놀이공원을 찾은 사람 수의 평균을 이용해 추정할 수 있다. 철로 설계와 관련한 일을 한다면, 효과적인 경로를 선택해 도착지까지 소요 시간을 최소화하도록 계산할 수 있다. 스포츠 선수 매니저라면 선수 기록을 자료로 정리해 실력 향상에 도움을 줄 수도 있다. 수도 요금, 전기 요금 등을 얼마만큼 거두어야 할지 기준을 세우고자 할 때도 고등학교에서 배운 수학을 이용해 결정할 수 있다.

셋째, 사고력을 향상할 수 있다. 수학은 매우 추상적 언어이다. 이 언어를 이해하기 위해서는 추상적 개념을 구체화해야 한다. 또 어떤 문제를 해결하기 위해 구체적 상황을 추상적 개념으로 바꾸기도 한다. 즉 수학을 함으로써 이러한 사고 활동이 이루어지는 것이다. 그렇기 때문에 수학은 사고력을 향상해 추상적인 것을 구체화하고, 구체적인 것을 추상화하는 능력을 키워준다.

수학은 뇌를 운동시키는 활동이라고 볼 수 있다. 신체 운동을 많이 하면 몸이 건강해지듯이 두뇌 운동을 많이 하면 머리가 좋아진다. 두뇌 운동을 하는 가장 좋은 방법이 바로 수학 공부이다. 아주 기초적인 수학인 수의 덧셈, 뺄셈도 뇌를 운동시키는 데 효과가 있음이 입증되었다. 치매 노인에게 이러한 활동은 치료 효과를 가져다준다. 뇌를 활발하게 운동시키고 싶다면 수학 공부를 하면 된다.

넷째, 수학 공부를 하면 미래에 택할 수 있는 직업 폭이 훨씬 더 넓어진다. 자신이 하고 싶은 직업이 있는데, 수학을 잘 못해서 포기하는 학생이 많다. 정말 안타까운 일이다. 수학은 자연현상이나 경제현상 같은 전문적인 것을 표현하는 언어이다. 그렇기 때문에 이공계로 진학할 학생은 당연히 수학을 공부해야 한다. 이공계는 대학에서도 수학을 공부하는데, 바로 수학이 자연 세계의 언어이기 때문이다. 자연현상을 연구하는 물리학자, 화학자, 생물학자 등 과학자는 수학이라는 언어를 기초로 연구한다.

또 인문계 학과 중에서도 수학을 반드시 공부해야 하는 학과가 있는데, 경제학과가 그러하다. 예전에 비해 현대 경제학자는 경제현상을 모두 수학식으로 표현하려는 경향이 있기 때문에 경제 서적은 모두 그래프와 식으로 구성되어 있다. 예전에 경제학과 대학원에 다니는 한 선배가 책을 들고 필자를 찾아온 일이 있었다. 경제학 이론을 설명한 책한 권이 모두 수학으로 되어 있었다. 거기에 사용한 수학 지식은 필자가 대학교 1, 2학년 때 배운 내용이었다. 인문계 선배가 대학원 공부를 무척 힘들어하던 모습이 생각난다.

보험계리사라는 직업이 있다. 보험계리사는 보험 상품을 설계하는 사람이다. 보험 상품을 선보이기까지 고려해야 할 상황이 무척 많다. 사람들에게 얼마의 돈을 받아야 하는지, 현재의 이자와 10년, 20년 후의 이자는 어떻게 달라질지, 사고를 당할 확률은 얼마나 되는지 등 모든 상황을 고려해 고객에게는 만족을 주면서도 회사에 최대한 이익을 줄 수 있도록 보험 상품을 만든다. 이자, 확률 같은 단어만 보아도 이것이 수학을 이용하는 일임을 알 수 있다. 그래서 보험계리사 자격증 시험에 수학 과목이 많다. 사실 수학을 전공하지 않고 이 자격증을 취득하기는 매우 어렵다.

국가정책을 결정하는 직업에도 수학이 요구된다. 최근 우리나라에서는 국민연금에 대한 국민의 신뢰도가 현저히 떨어져 있다. 이는 국민연금 관련한 정책을 결정하는 사람들이 충분히 연구하지 않고 시행했기 때문이다. 국민연금 관련 정책을 시행하려면 매우 복잡한 요인을 고려해야 한다. 수입에 따라 국민연금을 어느 정도 납부하도록 해야 할지, 이 돈으로 수익을 어느 정도 낼지, 30년 후 인구는 어느 정도 변동될지, 연금은 어느 정도 지급해야 할지, 부의 재분배 문제는 얼마나 해결할 수 있을지, 후손의 부담감은 어느 정도일지, 개인 사업장의 소득은 어떻게 평가할지 등 복잡한 여러 상황을 분석해 가장 합리적인 정책을 만드는 것이다. 이러한 요인을 분석하고 미래를 예측하는 데 수학을 사용한다. 그러니 수학을 사용하지 않고 이런 정책을 만드는 것은 불가능하다.

미국 중앙정보국CIA에는 뛰어난 수학자를 상당수 고용한다. 이들이 하는 연구 중 하나는 암호와 암호를 푸는 방법을 개발하는 것이다. 국가기밀은 노출되면 안 되므로 암호를 개발하는 일은 무척 중요하다. 옛날부터 전쟁을 할 때도 암호를 사용했다. 전략이 상대에게 알려지면 안 되기 때문이다. 암호를 해독해 상대 나라의 침략을 사전에 예방한 사례가 종종 있다. 요즈음에는 인터넷 쇼핑 등으로 개인 정보를 암호화하는 일이 매우 중요하다. 이러한 일을 해결하는 암호학도 수학의 한 과목이다.

컴퓨터 프로그램을 만드는 데도 수학을 이용하기 때문에 컴퓨터학과에서 수학을 배우는 것도 당연하다. 우리나라에서는 흔히 컴퓨터 프로그래머가 되려면 컴퓨터만 잘하면 된다고 생각하는 경향이 있다. 그렇게 되면 외국에서 이미 만든 기술에 디자인만 다르게 해서 제품을 만드는 수준을 벗어나지 못한다. 실력 있는 프로그래머를 양성하는 미국의 대학에서는 수학, 물리학, 컴퓨터를 모두 공부한다. 프로그램을 만드는 모든 원리를 알기 때문에 첨단 기술을 개발할 수 있다.

20세기의 가장 탁월한 학자 중 하나로 인정받는 노암 촘스키Noam Cnomsky는 언어학에 중대한 영향을 미친 변형생성문법 이론으로 명성을 얻었다. 변형생성문법 체계 수립과 이로부터 언어 이론을 세운 것은 현대 논리학과 수학의 기초에 대한 그의 관심에서 비롯한 것이다.

인공위성을 설계할 때 발생하는 문제도 대부분 수학적으로 해결한다. 모든 주기적 현상은 삼각함수의 합으로 나타낼 수 있다는 수학 이론은 대용량 음악을 담는 CD를 탄생시켰을 뿐 아니라, 지구 반대편 사람들과 얼굴을 보면서 통화하는 것까지 가능하게 만들었다. 또 미분방정식을 잘 풀어야 일기예보도 할 수 있다. 이러한 일과 관련된 전문직에 관심이 있다면 수학 공부는 필수이다.

2

자신감을 갖자

수학은 자연현상이나 사회현상을 표현하는 언어라고 했다. 또 수학이 어떠한 유익을 가져다주는지 살펴보았다. 이러한 지식을 통해 수학이 현실적 삶과 연결된 것임을 깨달으면 수학에 흥미를 갖게 된다. 그리고 수학은 너무 어려워서 할 수 없다는 생각을 극복해야 한다. 수학은 언어이기 때문에 언어로 접근해야 한다고 했다. 앞에서 살펴본 것처럼 언어의 의미를 이해하고 언어 훈련을 하면, 수학이 그렇게 어렵지 않다는 것을 느낄 것이다.

수학이 너무 어려운 이유는 언어의 의미를 이해하는 데 시간을 충분히 할애하지 않았기 때문임을 인지해야 한다. 기계적으로 암기해 수학 문제를 푸는 방법으로 공부했기 때문에 수학이 너무 어렵다고 느낀 것이다.

또 앞 장에서 수학 내용 중 가장 중요한 것이 함수라는 얘기를 했다. 수학에는 배워야 하는 내용도 너무 많고 외워야 하는 공식도 많다고 생각하면 수학은 어렵다. 그러나 수많은 내용 중에서 핵심 내용을 먼저 익히고 나머지 것을 익히면 수학을 쉽게 할 수 있다.

경기도에 있는 D중학교 1학년 자유 학기제 주제 선택 시간에 5차원 수학 학습법으로 수업을 진행했다. 한 반에 학생 수가 23명인데, 그중에는 수학을 잘하는 아이도 있고, 기초가 매우 부족한 아이도 있었다. 이 아이들에게 수학 공부에 대한 동기를 부여해주고, 자기 주도 학습으로 공부하는 수업을 진행했다. 아이들의 수학 실력을 파악하기 위해 진단 평가를 실시했고, 두 달간 수업한 후에는 총괄 평가를 실시했다.

다음은 수업을 받은 학생 중 성적이 85점 이상이며, 평소 자신이 수학을 잘한다고 생각하던 6명의 평가 점수와 소감문이다.

이름	진단 평가	총괄 평가	소감문
김○○	70	90	수업을 하면서 느낀 점이 굉장히 많다. 지금까지는 수학이 너무 귀찮고 어렵지만 중요한 과목이기에 노력한다는 생각으로 해왔고, 개인적으로 수학을 잘한다고 생각했다. 그런데 수업을 통해 수학도 이렇게 쉽고 재미있을 수 있다는 것을 몸소 체험했다. 지금까지 내가 한 수학은 겉핥기식이었던 것 같다. 수학을 보는 시선이 바뀌었다. 수학은 점수도 아니고, 외우는 것도 아닌 즐기는 것임을 체험했다.
안○○	75	90	분수의 역사와 분수의 정확한 뜻을 알게 되었다. 방정식이 왜 중요한지도 알았다. 예전에는 그냥 문제를 틀리지 않는 것이 중요한 줄 알았는데, 5차원 수학을 하면서 그보다 더 중요한 것이 있다는 사실을 깨달았다.
김○○	75	95	5차원 수학을 배우기 전에는 항상 틀에 박힌 문제만 풀었다. 내가 수학을 잘한다고 느꼈지만 응용문제를 잘 풀지 못했다. 5차원 수학 문제집은 기초적인 수학 상식을 제대로 일깨워주었다. 이 책을 공부하고 나서 기본기가 탄탄해져 응용문제를 쉽게 풀 수 있게 되었다. 쉽지만 가장 중요한 것을 배운 듯하다.

이름	진단 평가	총괄 평가	소감문
박○○	60	90	나는 지금까지 수학을 풀 줄은 알았지만 "왜?"라는 질문을 던지지 못했다. 그 이유는 수학은 반암기 과목이니까. 그런데 5차원 수학을 하면서 미처 깨닫지 못한 것을 알았다. 지금 생각해보면 나는 문제 푸는 기계였다. 한 가지 방법을 알면 의미도 모른 채 문제를 풀었다. 5차원 수학은 역사와 수학을 연동해 재미를 주고 근본을 알아가는 것을 좋아하는 나에게 수학의 근본을 선물해주었다. 그래서 재미있었다. 이제 사람이 된 것 같다.
구○○	70	85	예전에는 수학이 매우 복잡해 보였는데, 이 교재는 간단해서 이해하기 쉬웠고, 다른 문제에 적용하기도 쉬웠다.
조○○	70	80	5차원 수학을 하면서 분수의 유래와 수학을 해야 하는 이유를 알게 되어 좋았다. 문제를 많이 풀어서 힘들었지만, 다 하고 나니 마음이 뿌듯하다. 재미는 있었다.

수학을 잘하는 아이들임에도 진단 평가에서 여러 학생이 분수 문제도 풀지 못했다. 분수 언어를 잘 알지 못했고, 문제 푸는 요령만 익혀 수학을 공부했다는 것이 드러난 것이다. 또 x라는 문자를 사용해 응용하는 문제도 잘 풀지 못했다. 그런데 언어의 뜻을 익히고 생각하는 기회를 제공했더니 점수가 20점 정도 향상되었다. 예전에 나는 '기계'였는데 이제는 '사람'이 된 것 같다는 박○○의 말이 정말 인상적이었다.

다음은 수학을 어려워하고 성적은 중간 정도인 8명의 성적과 소감문이다.

이름	진단 평가	총괄 평가	소감문
김○○	45	90	5차원 수학을 하면서 재미있기도 하고, 문제 푸는 게 쉽기도 했다. 수학 문제를 좀 더 쉽게 잘 풀게 된 것 같다. 그리고 다 풀고 나니 뿌듯하기도 하다.

안○○	30	65	문제 푸는 것이 쉬웠다. 나는 그동안 수학 문제를 푸는 이유를 모르고 선생님이 풀라고 해서 무조건 풀었다. 그런데 그 이유를 이 수업에서 알려주었고, 문제 푸는 방식의 의미를 알게 돼 수학이 훨씬 쉬워졌다. 나는 항상 왜 이런 식으로 푸는지 궁금했지만 알 수 없어 너무 답답했는데 이젠 알게 되었다.
김○○	50	60	수학을 못하던 내가 5차원 수학반에 들어와 답을 쉽게 구한 건 아니었지만, 수학 실력이 한 단계 높아진 것 같아 좋았다.
이○○	70	85	5차원 수학반에 들어와 처음 시험을 볼 때는 x를 사용해 풀지 않고 어렵고 복잡하게 풀었다. 그래서 문제를 다 풀지 못했고, 틀린 것도 많았다. 처음에는 이렇게 쉬운 것을 왜 풀어야 하는지 몰랐지만, 선생님의 설명을 듣고 그 이유를 알게 되었다. 그리고 수업을 들으면서 자세히 몰랐던 것도 알게 되었다. 최종 시험을 봤는데 x를 이용해서 푸니 쉬웠고, 빨리 풀었다. 수학에 자신감이 생긴 것 같다.
김○○	45	80	수업을 하면서 수학에 대해 자세히 알게 되었고, 수학이 생활 속에서 많이 활용된다는 것도 알았다.
김○○	65	60	5차원 수학책으로 공부하면서 x의 뜻이 무엇인지 정확하게 알게 되었다. 이 책의 진짜 좋은 점은 학원에서처럼 짜증 내면서 공부하지 않아도 된다는 것이다. 정말 흥미롭고 쉬운 문제로 구성되었지만, 중요한 요점은 다 있는 좋은 책이라고 생각한다. 수포자도 이걸 풀고 멘탈이 회복될 것이라 믿는다.
안○○	70	70	5차원 수학을 하면서 모르는 것에 대해 많이 알게 되었다. 이 주제를 다시 선택했으면 좋겠다.
이○○	50	75	5차원 수학을 하기 전에는 수학에 나오는 미지수 x가 그냥 싫었는데, 교재를 풀고 나서 x를 쉽게 구할 수 있다는 것을 알았다. 교재가 쉬웠고 하는 동안 재미있었다.

성적도 많이 올랐지만 수학에 대한 부정적 감정이 변화하고, 자신감을 찾게 된 것을 볼 수 있었다. x라는 문자가 너무 어려워서 항상 이를 사용하지 않고 문제를 풀었는데, 이제는 x가 쉽게 느껴지고, 그래서 이걸 활용해서 문제를 푸니 문제도 너무 쉽게 풀리는 경험을 했다는 이○○의 말이 인상적이었다.

다음은 수학 실력이 초등학교 저학년 수준이고, 수학을 지긋지긋하게 싫어하는 9명의 성적과 소감문이다.

이름	진단 평가	총괄 평가	소감문
이○○	10	10	예전에는 수학이 실생활에 필요한 이유를 몰라서 수업 시간에 딴짓을 했으나. 이 수업을 들으면서 수학이 반드시 필요하다는 것을 알게 되었다. 수학을 싫어하던 내가 수학에 조금이나마 가까이 다가갈 수 있는 시간이었다. 괜찮은 프로그램이었다.
신○○	15	45	평소 수학에 자신이 없었는데, 자신감이 조금 생겼다. 수학도 할 만한 과목이라는 것을 가르쳐준 수업이다. 이 시간이 나에게 소중한 양분이 되어 나를 더 키워준 것 같다. 나에게는 특별한 시간이었고, 평생 잊지 못할 좋은 기회였다.
임○○	15	30	수학이 조금 쉬워졌다.
정○○	0	0	처음에는 도움이 안 될 것 같았는데, 수학의 역사도 알게 되고, 문제를 어떻게 풀어야 하는지도 알았다.
최○○	45	15	5차원 수학을 하면서 예전에는 알려고 하지 않았던 아주 많은 것을 알게 되었다. 많은 아이가 이 책을 공부해야 한다고 생각한다. 정말 재미있었다.
권○○	35	15	5차원 수학을 공부하고 나니 수학이 조금 쉽게 느껴진다.
엄○○	30	15	지금껏 수학은 어렵기만 한 암기 과목인 줄 알았는데, 5차원 수학을 하면서 수학도 쉽고 재미있는 과목이라는 것을 알게 되었다. 예전에는 알면 재미있는 과목이 수학이라는 말을 들었을 때 정말 그럴까 의심했는데, 지금은 그 말이 이해가 된다.
이○○	35	5	수학이 조금 편안해졌다.
이○○	0	0	새로운 세상을 경험한 것 같다.

성적에는 큰 변화가 없었다. 총괄 평가 보는 날 컨디션이 좋지 않아 문제를 거의 풀지 않은 아이도 있었다. 수학 실력이 초등학교 저학년 수준이기에 두 달 공부로 성적이 오른다는 것은 무리일 것이다. 그렇지만

수학에 대한 태도는 많이 달라졌다. 수학을 왜 공부해야 하는지 조금 알았다는 반응이다. 어떤 학생은 너무 어렵다며 계속 질문을 했다. 이 학생이 무엇을 모르는지 알기 위해서 "6÷2가 무엇이니?"라고 질문을 하자, 잘 모르겠다고 답변했다. 그런 아이에게 "사탕이 6개 있는데 2개씩 나누어 먹으면 모두 몇 명이 먹을 수 있을까?"라고 질문하면서 그림을 그려주었다. 아이는 이와 같은 언어 훈련 문제를 10문제 풀고 나더니, 이제 나눗셈을 할 수 있게 되었다며 환하게 웃었다.

5차원 수학 중등 기본 과정으로 공부한 학생의 반응을 세 가지로 나누어 정리하면 다음과 같다. 첫째, 공부를 잘하던 아이는 수학 문제를 잘 풀긴 했지만 원리를 잘 몰랐고 응용문제에 약했는데, 이 방식으로 공부하고 나서 수학은 외워서 푸는 것이 아니라는 생각을 하게 되었다. 둘째, 수학을 어려워하던 아이들이 쉽게 수학 문제를 풀 수 있게 되었다. 셋째, 수학이 너무나 싫고 어려워서 아직도 문제를 잘 풀지는 못하지만, 수학에 대한 부정적 감정이 긍정적으로 바뀌었다.

위의 사례에서 살펴본 아이는 모두 다 평범한 중학생이다. 수학을 잘하던 아이도, 심각하게 기초가 부족하던 아이도 수학 공부를 통해 사고력이 향상된 것을 관찰할 수 있었다. 이 아이들처럼 모든 아이가 수학 공부를 통해 사고력을 키우고, 나아가 융합 능력을 기르는 것이 가능하다. 나도 할 수 있다는 자신감을 갖자.

4부

—

실전 문제

1

수와 사칙계산

초등 수학의 중심은 수를 사용해 사칙계산법을 배우는 것이다. 하지만 이렇게 간단한 수학도 하지 못하고 포기하는 학생이 많다. 그 이유는 수를 깊이 이해하지 못했기 때문이고, 쉬워 보이는 사칙계산의 본질을 알지 못하기 때문이다. 그러므로 이 두 가지 개념만 바르게 인식하면 누구나 쉽게 초등 수학을 마스터할 수 있다.

초등 수학을 바르게 이해하지 못하면 다음으로 연결되는 중·고등 수학은 포기할 수밖에 없다. 그러므로 본 장에서는 학생이 가장 어려워하는 분수를 포함해 소수, 정수 사칙계산의 원리를 익히도록 한다.

① 분수

자연수만 사용하던 시절이 있었다. 그런데 사람들은 왜 분수를 사용하게 되었을까? 고대 이집트에서 피라미드 같은 거대한 건축물을 만들 때 일이 끝나면 월급으로 빵을 나누어주었다. 그런데 빵이 100개 있는데 80명에게 나누어주려면 어떻게 해야 할까? 월급이기 때문에 대충 적당히 나누어줄 수 없었다. 그러면 큰 다툼이 생기기 때문이다. 똑같이 나누어야 하고, 나눈 것을 숫자로 표현할 필요를 느껴 분수라는 수를 사용하게 되었다.

분수를 배울 때 분수의 덧셈, 뺄셈, 곱셈, 나눗셈을 계산하는 요령을 익히는 것은 중요하지 않다. 그보다 분수의 의미, 분수를 더하고 빼고 곱하고 나누는 것이 어떤 의미인지 언어의 의미를 익히는 데 충분한 에너지를 써야 한다. 다음 문제를 풀 때 사선을 치면서 읽고, 그림을 확인하면서 빈칸에 답해본다.

이 단원을 공부하고 나서 다음 질문에 답할 수 있다면, 제대로 공부한 것이다. [해답 249페이지]

문제 1

$\dfrac{1}{2} = \dfrac{2}{4} = \dfrac{3}{6}$ 인 이유를 그림을 그려 설명해보자.

$\dfrac{1}{2} \times \dfrac{1}{3} = \dfrac{1}{6}$ 이 되는 이유를 그림을 그려 설명해보자.

$5 \div \dfrac{1}{2} = 10$ 이 되는 이유를 그림을 그려 설명해보자.

참고 영상
〈9개의 빵을 10명에게 나눠주는 방법〉

1. 분수의 뜻

빵 1개를 세 사람이 똑같이 나누어 먹으려면 똑같은 양만큼 잘라야 한다.

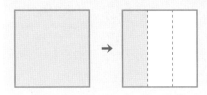

이때 한 부분의 크기를 분수라는 수로 나타낼 수 있다. $\frac{1}{3}$ 은 1을 3조각으로 나눈 것 중 한 부분이다.

Q. 문제를 사선 치며 읽고, 분수로 나타내보자. [해답 249페이지]

예제

빵 1개를 / 두 사람이 똑같이 나누어 먹으려고 한다. / 한 사람이 먹을 수 있는 빵의 양을 분수로 나타내라.

$$\left(\ \frac{1}{2} \ \right)$$

문제 1

빵 1개를 네 사람이 똑같이 나누어 먹으려고 한다. 한 사람이 먹을 수 있는 빵의 양을 분수로 나타내라.

(   )

문제 2

빵 1개를 다섯 사람이 똑같이 나누어 먹으려고 한다. 한 사람이 먹을 수 있는 빵의 양을 분수로 나타내라.

(   )

2. 분모가 같은 분수의 덧셈

개념 알기

세연이는 빵을 $\frac{2}{4}$ 조각 먹고, 진기는 $\frac{1}{4}$ 조각 먹었다. 두 사람이 먹은 빵의 양은 모두 $\frac{3}{4}$ 조각이다.

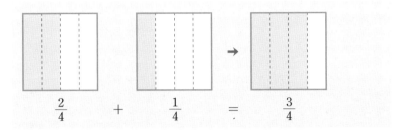

$$\frac{2}{4} \quad + \quad \frac{1}{4} \quad = \quad \frac{3}{4}$$

Q. 문제를 사선 치며 읽고, 분수로 나타내보자. [해답 249페이지]

예제

세연이는 빵을 $\frac{3}{5}$조각 먹고, / 진기는 $\frac{1}{5}$조각 먹었다. / 두 사람이 먹은 빵의 양은 모두 $\frac{4}{5}$조각이다.

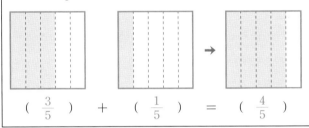

$$(\quad \frac{3}{5} \quad) \quad + \quad (\quad \frac{1}{5} \quad) \quad = \quad (\quad \frac{4}{5} \quad)$$

문제

세연이는 빵을 $\frac{4}{6}$조각 먹고, 진기는 $\frac{1}{6}$조각 먹었다. 두 사람이 먹은 빵의 양은 모두 $\frac{5}{6}$조각이다.

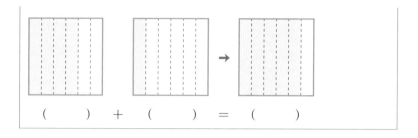

$$(\qquad) + (\qquad) = (\qquad)$$

3. 분모가 다른 분수의 덧셈

세연이는 빵을 $\frac{1}{2}$ 조각 먹고, 진기는 $\frac{1}{3}$ 조각 먹었다. 두 사람이 먹은 빵의 양은 모두 얼마일까?

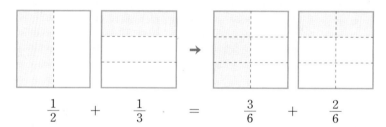

$$\frac{1}{2} \quad + \quad \frac{1}{3} \quad = \quad \frac{3}{6} \quad + \quad \frac{2}{6}$$

조각의 크기가 같아야 더할 수 있다. 빵 $\frac{1}{2}$ 을 3조각으로 자르면 $\frac{3}{6}$ 이 되고, $\frac{1}{3}$ 을 2조각으로 자르면 $\frac{2}{6}$ 가 된다.

Q. 문제를 사선 치며 읽고, 분수로 나타내보자. [해답 249페이지]

세연이는 빵을 $\frac{1}{3}$조각 먹고, / 진기는 $\frac{1}{4}$조각 먹었다. / 두 사람이 먹은 빵의 양을 분수로 나타내라.

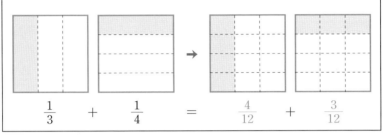

$$\frac{1}{3} \quad + \quad \frac{1}{4} \quad = \quad \frac{4}{12} \quad + \quad \frac{3}{12}$$

문제

세연이는 빵을 $\frac{3}{4}$조각 먹고, 진기는 $\frac{2}{3}$조각 먹었다. 두 사람이 먹은 빵의 양을 분수로 나타내라.

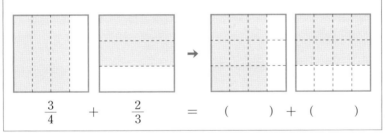

$$\frac{3}{4} \quad + \quad \frac{2}{3} \quad = \quad (\qquad) + (\qquad)$$

4. 분모가 같은 분수의 뺄셈

개념 알기

빵이 $\frac{3}{4}$조각 있었는데, 진기가 $\frac{1}{4}$조각을 먹었다. 남은 빵의 양은 $\frac{2}{4}$조각이다.

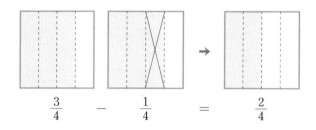

$$\frac{3}{4} \quad - \quad \frac{1}{4} \quad = \quad \frac{2}{4}$$

Q. 문제를 사선 치며 읽고, 분수로 나타내보자. [해답 249페이지]

예제

빵이 $\frac{2}{3}$조각 있었는데, / 진기가 $\frac{1}{3}$조각을 먹었다. / 남은 빵의 양은 $\frac{1}{3}$조각이다.

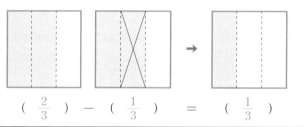

$$(\quad \frac{2}{3} \quad) \quad - \quad (\quad \frac{1}{3} \quad) \quad = \quad (\quad \frac{1}{3} \quad)$$

문제

빵이 $\frac{3}{5}$조각 있었는데, 진기가 $\frac{1}{5}$조각을 먹었다. 남은 빵의 양은 $\frac{2}{5}$조각이다.

$$(\quad\quad) \quad - \quad (\quad\quad) \quad = \quad (\quad\quad)$$

5. 분수의 곱셈

개념 알기

빵이 $\frac{1}{2}$ 조각 있었는데, 진기가 그중의 $\frac{1}{3}$ 을 먹었다. 진기가 먹은 빵의 양은 $\frac{1}{6}$ 이다.

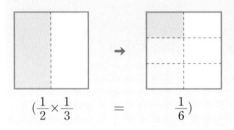

$$(\frac{1}{2} \times \frac{1}{3} = \frac{1}{6})$$

Q. 문제를 사선 치며 읽고, 분수로 나타내보자. [해답 249페이지]

예제

빵이 $\frac{1}{2}$ 조각 남았다. / 남은 빵의 $\frac{1}{3}$ 을 / 분수로 나타내라.

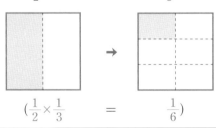

$$(\frac{1}{2} \times \frac{1}{3} = \frac{1}{6})$$

문제 1

빵이 $\frac{1}{3}$ 조각 남았다. 남은 빵의 $\frac{1}{4}$ 을 분수로 나타내라.

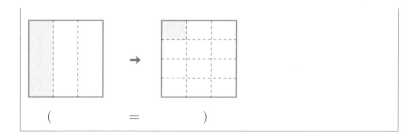

$$(\qquad = \qquad)$$

빵이 $\frac{1}{4}$ 조각 남았다. 남은 빵의 $\frac{1}{5}$ 을 분수로 나타내라.

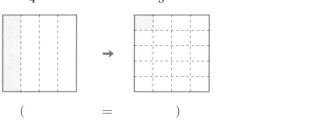

$$(\qquad = \qquad)$$

6. 분수의 나눗셈 1

빵이 $\frac{1}{2}$ 조각 남았다. 남은 빵을 2명이 나누어 먹으려면 $\frac{1}{4}$ 조각씩 먹으면 된다.

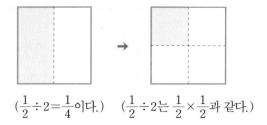

$(\frac{1}{2} \div 2 = \frac{1}{4}$ 이다.) $(\frac{1}{2} \div 2$ 는 $\frac{1}{2} \times \frac{1}{2}$ 과 같다.)

Q. 문제를 사선 치며 읽고, 분수로 나타내보자. [해답 249페이지]

빵이 $\frac{1}{2}$ 조각 남았다. /남은 빵을 3명이 나누어 먹으려고 한다. /1명이 먹을 수 있는 빵의 양을 분수로 나타내라.

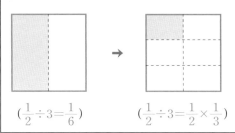

$$\left(\frac{1}{2} \div 3 = \frac{1}{6}\right)$$ $$\left(\frac{1}{2} \div 3 = \frac{1}{2} \times \frac{1}{3}\right)$$

빵이 $\frac{1}{3}$ 조각 남았다. 남은 빵을 4명이 나누어 먹으려고 한다. 1명이 먹을 수 있는 빵의 양을 분수로 나타내라.

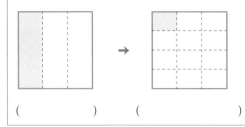

(   )   (   )

7. 분수의 나눗셈 2

빵이 1개 있다. 빵을 $\frac{1}{2}$ 조각씩 나누어 먹으면 2명이 먹을 수 있다.

이것을 식으로 표현하면 $1 \div \frac{1}{2} = 2$이다. $1 \div \frac{1}{2} = 1 \times \frac{2}{1}$라는 것을 확인할 수 있다.

Q. **문제를 사선 치며 읽고, 분수로 나타내보자.** [해답 249페이지]

예제

빵이 2개 있다. / 빵을 $\frac{1}{2}$조각씩 나누어 먹으면 / 4명이 먹을 수 있다. / 이를 식으로 나타내라.

$\left(2 \div \frac{1}{2} = 4\right)$ $\left(2 \div \frac{1}{2} = 2 \times \frac{2}{1}\right)$

문제

빵이 1개 있다. 빵을 $\frac{1}{3}$조각씩 나누어 먹으면 3명이 먹을 수 있다. 이를 분수로 나타내라.

(   )   (=   )

② 소수

사람들은 왜 소수를 사용하게 되었을까? 0.1이라는 소수는 $\frac{1}{10}$ 과 같다. 분수는 3,000년 전부터 사용했고, 소수를 사용한 것은 불과 300년 정도밖에 되지 않는다. 1보다 작은 양은 분수로 표현하는 것이 가능한데, 어떤 이유로 소수를 사용하게 되었을까? $\frac{1}{10}$ 은 빵 1개를 10조각으로 나눈 것 중 1조각을 의미한다. 분수는 숫자의 의미를 나타내기에는 편리하지만, 사칙계산을 하는 데 어려움이 있다.

$$0.001 \xrightarrow{10배} 0.01 \xrightarrow{10배} 0.1 \xrightarrow{10배} 1 \xrightarrow{10배} 10 \xrightarrow{10배} 100 \xrightarrow{10배} 1,000$$

1이 10개 모이면 10이고, 10이 10개 모이면 100, 100이 10개 모이면 1,000이다. 같은 방법으로 0.1이 10개 모이면 1이고, 0.01이 10개 모이면 0.1이고, 0.001이 10개 모이면 0.01이 된다. 이처럼 소수는 자연수와 같은 구조이기 때문에 소수의 사칙연산은 자연수의 사칙연산을 하는 방법과 거의 비슷하다. 예를 들면 $\frac{1}{2} + \frac{1}{5}$ 을 계산하는 방법은 다소 복잡하지만, 0.5+0.2를 계산하는 방법은 자연수에서 5+2를 계산하는 방법과 같다. 계산하기 간편하다는 것이 바로 사람들이 소수를 사용하게 된 이유이다.

분수는 요리책에서 많이 볼 수 있다. 간장 $\frac{1}{2}$ 큰술, 설탕 $\frac{2}{3}$ 작은술, 물 $\frac{3}{5}$ 컵처럼 재료의 양을 표현할 때 분수를 사용한다. 반면, 등산 안내 표지판에 '정상까지 4.8km', '산장까지 5.8km'같이 거리를 나타낼 때는 주로 소수를 사용한다. '키 164.5cm, 몸무게 52.6kg'같이 키와 몸무게를 나타낼 때도 분수보다는 소수로 나타낸다. 소수의 사칙계산은 분수의 사칙계산을 통해 계산하는 원리를 이해할 수 있다. 소수는 자연수와 같은 구조이기 때문에 자연수를 더하고 빼고 곱하고 나누는 방법과 거의 유사하다. 이 단원을 공부하고 나서 다음 질문에 답할 수 있다면, 제대로 공부한 것이다. [해답 250페이지]

문제 1

0.04 × 0.7의 값은 4 × 7의 값을 계산한 후 소수점을 세 군데 옮겨서 찍으면 되는 이유를 설명해보자.

문제 2

0.6 ÷ 0.2와 6 ÷ 2가 같은 이유를 설명해보자.

1. 소수의 뜻 1

빵 1개를 10조각으로 똑같이 나눈 것 중 1조각은 $\frac{1}{10}$이다.

분수 $\frac{1}{10}$ 은 소수로 0.1이라 쓰고 '영점일'이라고 읽는다.

Q. 문제를 사선 치며 읽고, 소수로 나타내보자. [해답 250페이지]

예제

빵 1개를 10조각으로 / 똑같이 나눈 것 중 3조각을 / 분수와 소수로 나타내라.

분수 : ($\frac{3}{10}$) 소수 : (0.3)

문제

빵 1개를 10조각으로 똑같이 나눈 것 중 5조각을 분수와 소수로 나타내라.

분수 : (   ) 소수 : (   )

2. 소수의 뜻 2

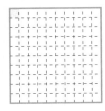

분수 $\frac{1}{100}$ 은 소수로 0.01이라 쓰고, 영점영일이라고 읽는다. 빵 1개를 100조각으로 똑같이 나눈 것 중 1조각은 $\frac{1}{100}$ 이다.

Q. 문제를 사선 치며 읽고, 소수로 나타내보자. [해답 250페이지]

예제

빵 1개를 100조각으로 / 똑같이 나눈 것 중 9조각을 / 분수와 소수로 나타내라.

분수 : ($\frac{9}{100}$)   소수 : (0.09)

문제 1

빵 1개를 100조각으로 똑같이 나눈 것 중 12조각을 분수와 소수로 나타내라.

분수 : (   )   소수 : (   )

150
5차원 수학

문제 2

빵 1개를 100조각으로 똑같이 나눈 것 중 34조각을 분수와 소수로 나타내라.

분수 : (   )   소수 : (   )

3. 소수의 덧셈

개념 알기

0.3은 빵 1개를 10조각으로 나눈 것 중 3조각을 의미한다.
0.2는 빵 1개를 10조각으로 나눈 것 중 2조각을 의미한다.
$0.3 + 0.2 = 0.5$이다.

Q. 문제를 사선 치며 읽고, 소수로 나타내보자. [해답 250페이지]

예제

세연이는 빵을 0.3조각 먹고, / 진기는 0.2조각 먹었다. / 두 사람이 먹은 빵의 양은 모두 0.5조각이다.

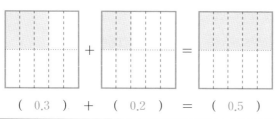

(0.3) + (0.2) = (0.5)

문제 1

세연이는 빵을 0.4조각 먹고, 진기는 0.5조각 먹었다. 두 사람이 먹은 빵의 양은 모두 0.9조각이다.

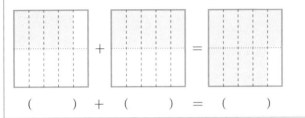

(   ) + (   ) = (   )

문제 2

세연이는 빵을 0.1조각 먹고, 진기는 0.6조각 먹었다. 두 사람이 먹은 빵의 양은 모두 0.7조각이다.

(   ) + (   ) = (   )

4. 소수의 뺄셈

개념 알기

0.3은 빵 1개를 10조각으로 나눈 것 중 3조각을 의미한다.

0.2는 빵 1개를 10조각으로 나눈 것 중 2조각을 의미한다.

$0.3 - 0.2 = 0.1$이다.

Q. 문제를 사선 치며 읽고, 소수로 나타내보자. [해답 250페이지]

예제

빵이 0.6조각 있는데 / 진기가 0.3조각을 먹었다. / 남은 빵의 양은 0.3조각
이다.

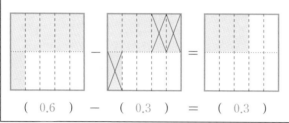

(0.6) ― (0.3) = (0.3)

문제 1

빵이 0.5조각 있는데 진기가 0.3조각을 먹었다. 남은 빵의 양은 0.2조각이다.

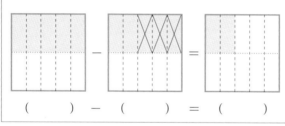

( ) ― ( ) = ( )

문제 2

빵이 0.7조각 있는데 진기가 0.3조각을 먹었다. 남은 빵의 양은 0.4조각이다.

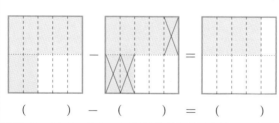

( ) ― ( ) = ( )

5. 소수의 곱셈

개념 알기

앞에서 분수의 곱셈이 어떤 의미인지 배웠다.

또 똑같은 것을 분수와 소수로 표현할 수 있음을 배웠다.

소수의 곱셈은 분수로 변형한 후 계산할 수 있다.

Q. 문제를 사선 치며 읽고, 소수로 나타내보자. [해답 250페이지]

예제 1

가로의 길이가 0.3, / 세로의 길이가 0.2인 / 땅의 넓이를 / 소수의 곱셈으로
나타내라.

→ 0.3×0.2

→ $\dfrac{3}{10} \times \dfrac{2}{10} = \dfrac{6}{100} = 0.06$

문제 1

가로의 길이가 0.4, 세로의 길이가 0.7인 땅의 넓이를 소수의 곱셈으로 나
타내라.

→

→

문제 2

가로의 길이가 0.5, 세로의 길이가 0.8인 땅의 넓이를 소수의 곱셈으로 나
타내라.

→

→

6. 소수의 나눗셈

개념 알기

앞에서 분수의 나눗셈이 어떤 의미인지 배웠다.

또 똑같은 것을 분수와 소수로 표현할 수 있음을 배웠다.

소수의 나눗셈은 분수로 변형한 후 계산할 수 있다.

Q. 문제를 사선 치며 읽고, 소수로 나타내보자. [해답 250페이지]

예제 1

포도 주스가 0.6L 있다./0.2L씩 나누어 담으려면/병이 몇 개 필요한지/
식으로 나타내라.

➜ $0.6 \div 0.2$

➜ $\dfrac{6}{10} \div \dfrac{2}{10} = \dfrac{6}{10} \times \dfrac{10}{2} = 6 \div 2$

문제 1

포도 주스가 0.9L 있다. 0.3L씩 나누어 담으려면 병이 몇 개 필요한지 식으
로 나타내라.

➜

➜

문제 2

포도 주스가 0.8L 있다. 0.4L씩 나누어 담으려면 병이 몇 개 필요한지 식으
로 나타내라.

➜

➜

③ 정수

사람들이 음수를 수로 받아들이기까지 1,600년이라는 시간이 걸렸다. 없는 것보다 더 작은 수라는 것은 머릿속에서 상상할 수 없었기 때문이다. 하지만 계산할 때 음수가 필요하다는 사실을 부인할 수 없기 때문에 음수를 수로 받아들였다. 음수가 없다면 $3-5$라는 계산은 할 수 없다. 하지만 음수를 인정하면 $3-5=-2$가 성립한다.

음수를 수로 받아들이기까지 오랜 시간이 걸린 것은 학생이 음수를 받아들이기까지 많은 에너지가 필요하다는 것을 의미한다. 따라서 다양한 상황을 음수로 표현해보는 활동을 통해 아이가 음수를 접할 수 있도록 해야 한다. 초등학교에 다니는 딸과 음수에 대해 이야기를 나눈 적이 있었다. 처음에는 딸아이도 음수를 매우 어려워했다. 그런데 어느 날 학교에서 선생님이 모둠별로 착한 행동을 했을 때는 빨간색 자석을 붙이고, 옳지 않은 행동을 했을 때는 파란색 자석을 붙이는 걸 보고 음수를 생각해봤다고 했다. 자신이 속한 모둠에 빨간색 자석 3개가 붙어 있었는데, 옳지 않은 행동을 해서 선생님이 파란색 자석 2개를 옆에 붙였다고 한다. 그것을 보고 '파란색 자석 2개 붙이는 거나 빨간색 자석 2개를 떼어내는 게 똑같구나'라고 생각했다고 한다. 그리고 어느 날 자신의 모둠에 파란색 자석이 5개였는데, 착한 행동을 하니 선생님께서 빨간색 자석을 2개 붙였다고 한다. 그때도 '빨간색 자석 2개 붙이는 것이나 파란색 자석 2개를 떼는 것이나 똑같네'라는 생각을 했다고 한다.

그 상황을 $-(-2)=+2$ 같은 정수의 뺄셈으로 표현하니, 딸아이가 정수를 친근하게 느꼈다. 상점 1개 받고, 벌점 1개 받으면 0점이니까

(+1)+(−1)=0이라는 생각도 하는 걸 보았다. 개인적으로는 상벌 제도를 찬성하지는 않지만, 아이들이 날마다 상점과 벌점에 노출되어 익숙해지다 보니, 음수를 이해하는 데 도움을 주는 것을 확인할 수 있었다. 이처럼 음수를 어려워하면, 아이가 익숙한 상황을 통해 음수를 접할 기회를 제공하는 것이 중요하다. 물론 음수는 실제로 존재하지 않는 것을 나타내는 형식적인 수이기 때문에 음수의 계산 원리를 모두 구체적인 상황으로 표현하는 데는 한계가 있다. 그럼에도 아이가 존재하지 않는 형식적인 수를 인지하는 데 어려움을 겪는다면 일상에서 사용하는 것이나 현상과 연결해주는 것이 중요하다.

이 단원을 공부하고 나서 다음 질문에 답할 수 있다면, 제대로 공부한 것이다. [해답 250페이지]

문제 1

5−8=−3이 되는 것을 온도의 현상으로 설명해보자.

문제 2

−2+8=6이 되는 것을 온도의 현상으로 설명해보자.

문제 3

2−(−3)=2+(+3)이 되는 것을 온도의 현상으로 설명해보자.

문제 4

(−2)×3=−6이 되는 이유를 설명해보자.

$(-2) \times (-3) = 6$이 되는 이유를 설명해보자.

참고 영상
〈양수와 음수〉

1. 정수의 뜻

개념 알기

정수는 온도에서 잘 드러난다. 온도계는 0℃를 기준으로 해서 이보다 높을 때는 영상, 낮을 때는 영하라고 한다. 온도계가 22℃를 가리키면 +22라는 숫자를 써서 영상 대신 +(플러스) 기호를 사용하며, 영하 5℃를 가리키면 −5라고 하며 영하 대신 −(마이너스) 기호를 사용한다. 예를 들어 영상 3℃는 +3, 영하 3℃는 −3으로 나타낸다. −1, −2, −3 같은 수를 음의 정수라 한다.

Q. 문제를 사선 치며 읽고, 온도를 나타내는 부분에 밑줄을 긋자. 그런 다음 그것을 정수로 나타내보자. [해답 250페이지]

여름철 올바른 냉장고 사용법은 / 냉장실 영상 5 ℃ 이하로 / 냉동실 영하 18 ℃
이하로 / 유지해야 한다.

→ $+5, \ -18$

우리나라 기후의 특징은 남쪽과 북쪽의 기온 차이가 크다는 것이다. 남쪽
인 제주도의 연평균 기온이 영상 15 ℃인데, 북쪽 끝에 있는 중강진의 연평
균 기온은 영상 3 ℃이다.

→

찜질방의 아이스방은 영하 2~4 ℃ 사이의 방으로, 체온이 높은 상태에서 아
이스방을 이용하면 근육 속 이산화탄소를 배출해 피로 해소와 피부 미용 증
진에 좋은 효과를 낸다. 불가마방은 70~90 ℃로 보통 4~5회 정도 들어가면
땀구멍이 열려 찜질 효과를 볼 수 있다.

→

2. 정수의 덧셈

온도가 올라가는 것을 정수의 덧셈식으로 표현할 수 있다.

Q. 문제를 사선 치며 읽고, 온도를 나타내는 부분에 밑줄을 긋자. 그런 다음 그것을 정
　수로 나타내보자. [해답 251페이지]

아침 기온은 영상 2℃였다. / 낮에 기온이 3℃ 올라가 / 영상 5℃가 되었다.

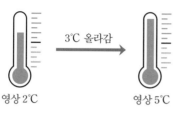

3℃ 올라감

영상 2℃　　　　　영상 5℃

→ $(+2)+(+3)=(+5)$

아침 기온은 영상 1℃였다. 낮에 기온이 2℃ 올라가 영상 3℃가 되었다.

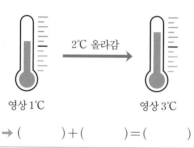

2℃ 올라감

영상 1℃　　　　　영상 3℃

→ (　　　) + (　　　) = (　　　)

아침 기온은 영하 2℃였다. 낮에 기온이 3℃ 올라가 영상 1℃가 되었다.

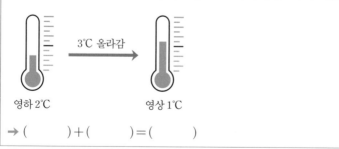

3℃ 올라감

영하 2℃　　　　　영상 1℃

→ (　　　) + (　　　) = (　　　)

3. 정수의 뺄셈

온도의 변화를 뺄셈식으로 표현할 수 있다.

Q. 문제를 사선 치며 읽고, 온도를 나타내는 부분에 밑줄을 긋자. 그런 다음 그것을 정수로 나타내보자. [해답 251페이지]

예제 1

아침 기온은 영하 3℃이고,/ 낮 기온은 영상 2℃이다./ 낮 기온은 아침보다 5℃ 올라갔다.

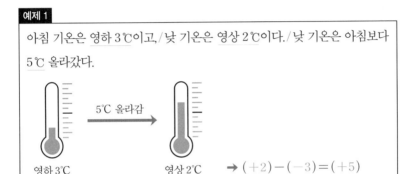

→ $(+2) - (-3) = (+5)$

문제 1

아침 기온은 영하 1℃이고, 낮 기온은 영상 3℃이다. 낮 기온은 아침보다 4℃ 올라갔다.

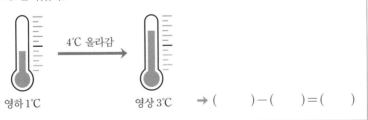

→ ( ) − ( ) = ( )

아침 기온은 영하 2℃이고, 낮 기온은 영상 1℃이다. 낮 기온은 아침보다 3℃ 올라갔다.

영하 2℃   영상 1℃   → (   ) − (   ) = (   )

4. 정수의 곱셈

개념 알기

$(-2) \times 3$의 뜻은 −2를 세 번 더하라는 것이다. 즉 $(-2)+(-2)+(-2)$의 값과 같다.

→ $(-2) \times 3 = (-2)+(-2)+(-2)$

$2 \times (-3)$의 뜻은 −3을 두 번 더하라는 것이다. 즉 $(-3)+(-3)$의 값과 같다.

→ $2 \times (-3) = (-3)+(-3)$

예제 1

→ $(-2) \times 3 = (-2)+(-2)+(-2) = -6$

➜ $(-4) \times 3 =$

➜ $(-5) \times 2 =$

➜ $(-7) \times 4 =$

➜ $(-3) \times (-4) = -(-12) = +12$

➜ $(-3) \times (-6) =$

➜ $(-2) \times (-5) =$

2

함수 응용하기

함수는 문자와 사칙계산으로 이루어져 있다. 그러므로 함수를 알기 위해서는 우선 문자를 이해해야 한다. 함수에서 가장 중요한 단어에 해당하는 x가 어떤 의미인지, 그리고 문자와 식을 계산하는 원리를 알아야 한다. 방정식은 궁금한 것이 있을 때 그 값을 찾아내는 것인데, 이는 함수와도 밀접한 관계가 있다. 함수를 그래프로 나타내면 함수의 특징을 한눈에 쉽게 파악할 수 있다. 이번 장에서는 수학에서 가장 중요한 함수를 중심으로 한 x의 이해, 문자와 식, 방정식, 함수, 함수의 그래프를 공부한다.

❶ 미지수 x

인간이 미지수 x를 받아들이기까지 1,000년이 걸렸다. 사람들은 왜 이렇게 x를 싫어할까? 일상에서 잘 모르는 것을 만났을 때, 정해지지 않고 계속 변하는 상황에 부딪혔을 때 스트레스를 받아 그것을 피하려고 하는 것이 인간의 본능이다. 그런데 미지수 x는 잘 모르는 것이기도 하고, 한편으로는 정해지지 않고 계속 변하는 수이기도 하다. 이것이 바로 사람들이 미지수 x를 좋아하지 않는 이유이다.

여기에서 x라는 문자 자체는 중요하지 않다. 그 당시 매우 유명했던 수학자 데카르트가 자신이 쓴 책을 인쇄하기 위해 인쇄소에 갔는데, 인쇄공이 모르는 수를 x라는 문자로 표현하면 어떻겠냐고 제안했다는 이야기가 전해진다. x에 의미가 있어서가 아니라 단지 활자 중 x, y, z를 잘 사용하지 않아 많이 남았기 때문이라고 한다. 잘 모르는 수, 정해지지 않고 계속 변하는 수를 □, ○, ☆, a, b, c 같은 기호나 문자로 표현했을 수도 있었던 것이다. 우리나라 수학자였다면 ㄱ, ㄴ, ㄷ 같은 기호를 사용했을 수도 있다.

잘 모르는 수이고, 상황에 따라 계속 변하기 때문에 x라는 문자가 짜증이 날 수 있지만, 이 문자는 문제 해결에 큰 도움을 준다. 예를 들어 슈퍼마켓에 가서 아이스크림 2개를 사고 5,000원을 냈더니 아주머니가 3,800원을 거슬러주었다. 아이스크림 1개는 얼마일까? 모자 가게에서 어린이 모자 1개, 어른 모자 1개를 샀다. 그런데 지나가는 아주머니가 "어른 모자가 아이 것보다 3,000원이 더 비싸네" 하고 이야기했다. 모자 2개에 1만 7,000원이란다. 그럼 각각 얼마일까? 나는 중학생이고 동생은 초등학생이다. 마을버스를 타고 도서관에 갔다 오는데, 엄마가 왕복 차비를 1,700원 주셨다. 중학생은 한 번 타는 데 550원인데, 초등학생 요금은 얼마일까?

이처럼 우리는 숫자와 관련해 무엇인가 궁금해할 때가 많다. 내가 모르는 것을 알고 싶을 때, 모르는 것을 그냥 모르는 수라고 하면 문제를 해결할 수 없다. 물론 위에서 예를 든 세 가지 문제는 다소 쉽기 때문에 모르는 것을 쉽게 찾아낼 수 있다. 그런데 우리가 부딪히는 상황은 항상 이렇게 단순하지만은 않다. 조금 복잡한 상황이 있을 때도 많다.

예를 들면 이렇다. 아이돌 스타에 관련한 기사가 나왔다. 평균 나이는 19세, 다국적 5인조 걸 그룹. 가장 어린 A와 B는 동갑이고, C는 그보다 한 살, D는 두 살, 가장 큰 언니인 E는 일곱 살이 많다고 한다. 각각의 나이는 몇 살일까?[*] 이처럼 조금만 복잡해지면 문제를 해결하기가 어렵다. 이럴 때 모르는 것을 x라고 표현하면 문제를 매우 쉽게 해결해나갈 수 있다. A의 나이를 x라 하면, B의 나이도 x이다. C의 나이는 $x+1$, D의 나이는 $x+2$, E의 나이는 $x+7$이다. 평균 나이가 19세이므로 $\dfrac{x+x+(x+1)+(x+2)+(x+7)}{5}=19$라는 식을 세울 수 있다. 이 방정식을 풀면 아이돌 스타의 나이를 알게 된다.

모르는 것을 x라는 문자로 표현하는 것은 인지적으로 상당히 어려운 일이다. 그런데 다음의 언어 훈련을 하고 나면, x라는 문자를 편안하게 받아들이게 된다. 그러나 문장을 다음과 같이 표현하는 것은 상당히 번거롭다.

세연이는/진기보다/100원을 더 많이 가지고 있다.

➜ (세연이가 가진 돈)=(진기가 가진 돈)+(100)

• 문제 출처: EBS, 〈수학의 원리─마테마티카〉

'이렇게 쉬운 걸 왜 연습하는 거지? 글씨 쓰는 거 너무 귀찮아'라고 생각할 수도 있다. 그런데 이렇게 귀찮은 것을 하다 보면, '세연이가 가진 돈'이라는 긴 말보다는 그냥 짧은 x로 표현하고 싶은 욕구가 생긴다. 이것이 바로 언어 훈련의 중요한 목적이다. 너무나 지루해 보이는 이 과정을 지나면, 처음에 너무 싫었던 x라는 문자를 사용하고 싶고, 이 문자가 고마워지기까지 한다.

이 단원을 공부하고 나서 다음 질문에 답할 수 있다면, 제대로 공부한 것이다. [해답 251페이지]

문제

사람들이 x라는 문자를 사용하게 된 이유를 상상해서 설명해보자.

참고 영상
〈방정식 속 미지수 x의 비밀〉

1. 상황을 덧셈식으로 나타내기

개념 알기

서술적 언어를 수학적 언어로 나타내기 위해 먼저 덧셈식으로 나타낸다.

Q. 문제를 사선 치며 읽고, 괄호 안에 알맞은 수나 말을 써보자. [해답 251페이지]

예제

세연이는/ 진기보다/ 100원을 더 많이 가지고 있다.

진기가 가진 돈이 1,000원이면, 세연이가 가진 돈은 1000＋100원이다.

진기가 가진 돈이 2,000원이면, 세연이가 가진 돈은 (2000)＋100원이다.

진기가 가진 돈이 3,000원이면, 세연이가 가진 돈은 (3000)＋100원이다.

➡ (세연이가 가진 돈)＝(진기가 가진 돈) ＋ (100)

문제

세연이는 진기보다 200원을 더 많이 가지고 있다.

진기가 가진 돈이 1,000원이면, 세연이가 가진 돈은 1000＋200원이다.

진기가 가진 돈이 2,000원이면, 세연이가 가진 돈은 (   )＋200원이다.

진기가 가진 돈이 3,000원이면, 세연이가 가진 돈은 (   )＋200원이다.

➡ (세연이가 가진 돈)＝(진기가 가진 돈) ＋ (   )

2. 상황을 1개의 기호가 들어간 덧셈식으로 나타내기

개념 알기

서술적 언어를 수학적 언어로 나타내기 위해 기호가 들어간 덧셈식으로 나타낸다.

Q. 문제를 사선 치며 읽고, 괄호 안에 알맞은 수나 말을 써보자. [해답 251페이지]

예제

세연이는 / 진기보다 / 100원을 더 많이 가지고 있다.

➡ (세연이가 가진 돈)＝(진기가 가진 돈)＋(100)

➡ 진기가 가진 돈을 □원이라 하면, (세연이가 가진 돈)＝(□)＋(100)

문제

세연이는 진기보다 200원을 더 많이 가지고 있다.

➡ (세연이가 가진 돈)＝(진기가 가진 돈)＋(   )

➡ 진기가 가진 돈을 ☆원이라 하면, (세연이가 가진 돈)＝(   )＋(   )

3. 상황을 2개의 기호가 들어간 덧셈식으로 나타내기

개념 알기

서술적 언어를 수학적 언어로 나타내기 위해 기호로 표현한다.

Q. 문제를 사선 치며 읽고, 괄호 안에 알맞은 수나 말을 써보자. [해답 251페이지]

세연이는 / 진기보다 / 100원을 더 많이 가지고 있다.

➡ (세연이가 가진 돈)=(진기가 가진 돈)+100

➡ 세연이가 가진 돈을 ■원, 진기가 가진 돈을 □원이라 하면 (■=□+100)

세연이는 진기보다 200원을 더 많이 가지고 있다.

➡ (세연이가 가진 돈)=(진기가 가진 돈)+200

➡ 세연이가 가진 돈을 ★원, 진기가 가진 돈을 ☆원이라 하면, (   )

4. 글을 x, y가 들어간 덧셈식으로 나타내기

서술적 언어를 수학적 언어로 나타낸다.

Q. 문제를 사선 치며 읽고, 괄호 안에 알맞은 수나 말을 써보자. [해답 251페이지]

세연이는 / 진기보다 / 100원을 더 많이 가지고 있다.

➡ (y: 세연이가 가진 돈), (x: 진기가 가진 돈)이라 하면, ($y=x+100$)

세연이는 진기보다 200원을 더 많이 가지고 있다.

➡ y: 세연이가 가진 돈, x: 진기가 가진 돈이라 하면, (   )

5. 상황을 곱셈식으로 나타내기

개념 알기

서술적 언어를 수학적 언어로 나타내기 위해 먼저 곱셈식으로 나타낸다.

Q. 문제를 사선 치며 읽고, 괄호 안에 알맞은 수나 말을 써보자. [해답 251페이지]

예제

세연이는/ 진기보다/ 2배 더 많은 돈을 가지고 있다.

진기가 가진 돈이 1,000원이면 세연이가 가진 돈은 1000 × 2원이다.

진기가 가진 돈이 2,000원이면 세연이가 가진 돈은 (2000) × 2원이다.

진기가 가진 돈이 3,000원이면 세연이가 가진 돈은 (3000) × 2원이다.

→ (세연이가 가진 돈) = (진기가 가진 돈) × (2)

문제

세연이는 진기보다 3배 더 많은 돈을 가지고 있다.

진기가 가진 돈이 1,000원이면 세연이가 가진 돈은 1000 × 3원이다.

진기가 가진 돈이 2,000원이면 세연이가 가진 돈은 (   ) × 3원이다.

진기가 가진 돈이 3,000원이면 세연이가 가진 돈은 (   ) × 3원이다.

→ (세연이가 가진 돈) = (진기가 가진 돈) × (   )

6. 상황을 1개의 기호가 들어간 곱셈식으로 나타내기

서술적 언어를 수학적 언어로 나타내기 위해 기호가 들어간 곱셈식으로 나타낸다.

Q. 문제를 사선 치며 읽고, 괄호 안에 알맞은 수나 말을 써보자. [해답 251페이지]

예제

세연이는 / 진기보다 / 2배 더 많은 돈을 가지고 있다.

→ (세연이가 가진 돈)＝(진기가 가진 돈)×(2)

→ 진기가 가진 돈을 □원이라 하면, (세연이가 가진 돈)＝(□)×(2)

문제

세연이는 / 진기보다 / 3배 더 많은 돈을 가지고 있다.

→ (세연이가 가진 돈)＝(진기가 가진 돈)×(   )

→ 진기가 가진 돈을 ☆원이라 하면,

(세연이가 가진 돈)＝(   )×(   )

---

7. 상황을 2개의 기호가 들어간 곱셈식으로 나타내기

서술적 언어를 수학적 언어로 나타내기 위해 기호가 들어간 곱셈식으로 나타낸다.

Q. 문제를 사선 치며 읽고, 괄호 안에 알맞은 수나 말을 써보자. [해답 251페이지]

예제

세연이는/ 진기보다/ 2배 더 많은 돈을 가지고 있다.

→ (세연이가 가진 돈)＝(진기가 가진 돈)×2

→ 세연이가 가진 돈을 ■원, 진기가 가진 돈을 □원이라 하면, (■＝□×2)

문제

세연이는 진기보다 3배 더 많은 돈을 가지고 있다.

→ (세연이가 가진 돈)＝(진기가 가진 돈)×3

→ 세연이가 가진 돈을 ★원, 진기가 가진 돈을 ☆원이라 하면, (   )

8. 글을 x, y가 들어간 곱셈식으로 나타내기

개념 알기

서술적 언어를 수학적 언어로 나타낸다.

Q. 문제를 사선 치며 읽고, 괄호 안에 알맞은 수나 말을 써보자. [해답 252페이지]

예제

세연이는/ 진기보다/ 2배 더 많은 돈을 가지고 있다.

→ (y: 세연이가 가진 돈), (x: 진기가 가진 돈)이라 하면, ($y＝2x$)

문제

세연이는 진기보다 3배 더 많은 돈을 가지고 있다.

→ y: 세연이가 가진 돈, x: 진기가 가진 돈이라 하면, (   )

9. 글을 x, y가 들어간 나눗셈식(분수)으로 나타내기

개념 알기

서술적 언어를 수학적 언어로 나타낸다.

Q. 문제를 사선 치며 읽고, 괄호 안에 알맞은 수나 말을 써보자. [해답 252페이지]

예제

세연이는 / 진기가 가진 돈의 / $\frac{1}{2}$배 돈을 가지고 있다.

→ (y: 세연이가 가진 돈), (x: 진기가 가진 돈)이라 하면, ($y = \frac{1}{2}x$)

문제

세연이는 진기가 가진 돈의 $\frac{1}{3}$배 돈을 가지고 있다.

→ y: 세연이가 가진 돈, x: 진기가 가진 돈이라 하면, (   )

10. 글을 식으로 나타내기 1

개념 알기

서술적 언어를 수학적 언어로 나타낸다.

Q. 문제를 사선 치며 읽고, 밑줄에 알맞은 수나 말을 써보자. [해답 252페이지]

예제

□에 /2를 곱하고 /5를 더한다.

➜ (□×2)+5

문제

☆에 5를 나누고 4를 뺀다.

➜ _____

11. 글을 식으로 나타내기 2

개념 알기

서술적 언어를 수학적 언어로 나타낸다.

Q. 문제를 사선 치며 읽고, 밑줄에 알맞은 수나 말을 써보자. [해답 252페이지]

예제

■는 /□에 /2를 곱하고 /5를 더한 값과 같다.

➜ ■=(□×2)+5

★는 ☆에 5를 곱하고 4를 뺀 것과 같다.

→ _____

12. 글을 식으로 나타내기 3

개념 알기

서술적 언어를 수학적 언어로 나타낸다.

Q. 문제를 사선 치며 읽고, 밑줄에 알맞은 수나 말을 써보자. [해답 252페이지]

예제

직사각형 넓이는 / (가로의 길이) × (세로의 길이)이다.

→ 직사각형 넓이를 S, / 가로의 길이를 a, / 세로의 길이를 b라 하면,

$S = ab$

문제

삼각형 넓이는 $\frac{1}{2}$ × (밑변) × (높이)이다.

→ 삼각형 넓이를 S, 밑변의 길이를 a, 높이를 h라 하면, _____

② 문자와 식

자연현상과 사회현상을 수학적 언어로 표현하면 문제를 쉽게 해결할

수 있다. 수학적 언어는 수와 문자, 이것을 더하고 빼고 곱하고 나누는 것으로 표현된다. 이것이 바로 문자와 식을 공부하는 이유이다.

초등학교에서 곱셈을 배울 때 언어 훈련을 충분히 한 아이라면 $3x+2x=5x$가 되는 이유를 쉽게 이해할 수 있다. 곱하는 것은 여러 번 더하는 것을 간단히 표현한 것이기 때문이다. $3x$는 x를 세 번 더하라는 의미이고, $2x$는 x를 두 번 더하라는 의미이다. 그러므로 $3x+2x$는 $x+x+x+x+x$와 같다. 따라서 $3x+2x=5x$가 되는 것을 알 수 있다. 곱셈을 배울 때 $5+5+5+5+5+5+5$는 너무 길기 때문에 7×5로 나타내는 것을 충분히 인지하는 것이 중요하다. 하지만 초등학교에서 곱셈을 배울 때 언어 의미를 충분히 이해하지 않고, 구구단을 외우고 곱셈을 빨리하는 데만 초점을 맞춘 아이들은 $3x$가 x를 세 번 더한 것이라는 사실을 이해하는 데도 상당한 에너지가 필요하다. 그래서 이것을 이해하기 귀찮으니까, $3x+2x$는 앞에 있는 두 숫자 3과 2를 더한 수를 앞에 쓰고, 문자는 뒤에 하나만 붙여서 쓰면 된다고 계산하는 요령을 외워버리는 것이다.

초등학교 때부터 계산하는 요령만 익혀 빨리 계산하는 데 초점을 두는 것은 모래 위에 집을 짓는 것과 같다. 고등학교에 가면 쉽게 무너질 수 있다.

$a(b+c)=ab+ac$를 배울 때도, 이것이 분배 법칙이라는 사실과 계산하는 방법을 외우게 하면 아이들의 뇌 속에 의미 있는 것으로 자리 잡기 어렵다. 이는 직사각형 넓이를 통해 그림으로 원리를 이해할 수 있다.

이 단원을 공부하고 나서 다음 질문에 답할 수 있다면, 제대로 공부한 것이다. [해답 252페이지]

$(3x+2)+(2x+4)=5x+6$이 되는 이유를 설명해보자.

$a(b+c)=ab+ac$가 되는 이유를 설명해보자.

1. 다항식의 덧셈과 뺄셈

개념 알기

벌점 스티커 1개를 받고 나서 상점 스티커 1개를 받으면, 점수는 0점이 된다. $(-1)+(+1)=0$

와 을 더하면 0이 된다. ①과 ⑴을 더하면 0이 된다.

Q. 다음 그림을 식으로 나타내보자. [해답 252페이지]

예제

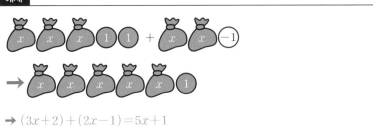

→ $(3x+2)+(2x-1)=5x+1$

문제 1

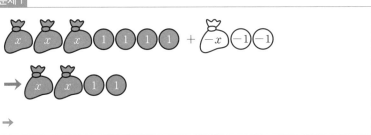

→

문제 2

→

2. 다항식의 곱셈과 나눗셈

그림을 통해 다항식의 곱셈을 계산하는 원리를 이해한다.

Q. 다음 그림을 식으로 나타내보자. [해답 252페이지]

예제

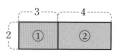

→ (큰 직사각형 넓이)＝(①의 넓이)＋(②의 넓이)

→ $2 \times (3+4) = (2 \times 3) + (2 \times 4)$

문제 1

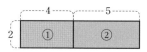

→ (큰 직사각형 넓이)＝(①의 넓이)＋(②의 넓이)

→

문제 2

→ (큰 직사각형 넓이) = (①의 넓이) + (②의 넓이)

→

문제 3

→ (큰 직사각형 넓이) = (①의 넓이) + (②의 넓이)

→

---

③ **방정식**

앞에서 아이돌 스타의 나이를 구하기 위해 방정식으로 표현한 것을 살펴보았다. 평균 나이는 19세, 다국적 5인조 걸 그룹. 가장 어린 A와 B는 동갑이고, C는 그보다 한 살, D는 두 살, 가장 큰 언니인 E는 일곱 살이 많다고 한다. A의 나이를 x라 하면, B의 나이도 x이다. C의 나이는 $x+1$, D의 나이는 $x+2$, E의 나이는 $x+7$이다. 평균 나이가 19세이므로, 위의 상황을 $\dfrac{x+x+(x+1)+(x+2)+(x+7)}{5}=19$처럼 수학적 언어로 표현할 수 있다.

위의 식에서 x의 값을 구하는 것이 방정식의 풀이이다. 그러면 x의 값은 어떻게 구할까?

여기 양팔저울이 있다. 균형을 이룬 양팔저울에서 같은 것을 더하거나 빼도 역시 균형을 이룬다. 같은 수를 곱하거나 나누어도 마찬가지이다. 이러한 원리를 이용해 모든 일차방정식의 값을 구할 수 있다.

$x+x+(x+1)+(x+2)+(x+7)$을 간단히 하면 $5x+10$이다. 궁금한 것은 x이기 때문에 $\dfrac{5x+10}{5}=19$ 식에서 분모 5와 분자에 있는 5, 10을 없애면 값을 구할 수 있다.

먼저 분모 5를 없앤다. 양변에 똑같이 5를 곱하면 $5 \times \dfrac{5x+10}{5}$ $=5 \times 19, 5x+10=95$가 된다. 10을 없애기 위해 양변을 똑같이 10을 빼면 $(5x+10)-10=95-10, 5x=85$이다. 마지막으로 5를 없애기 위해 양변을 똑같이 5로 나누면 $x=17$이 되는 것을 알아낼 수 있다.

방정식을 계산하는 요령을 익히기 전에 양팔저울에서 같은 것을 더하거나 빼거나 곱하거나 나누어도 균형을 이룬다는 원리를 충분히 이해하는 것이 가장 중요하다. 이것이 바로 어려운 문제도 쉽게 해결하는 원동력이 된다.

이 단원을 공부하고 나서 다음 질문에 답할 수 있다면, 제대로 공부한 것이다. [해답 252페이지]

문제 1

사람들이 방정식을 사용하게 된 과정을 상상해서 서술해보자.

문제 2

$4x+1=2x+5$를 만족시키는 x의 값을 찾는 방법을 양팔저울 원리를 이용해 설명해보자.

참고 영상
〈방정식의 생활 속 활용〉

1. 방정식 1

균형을 이루는 양팔저울에서 같은 수를 똑같이 빼도 균형을 이룬다. 이 원리를 이용해 $x+2=5$ 같은 방정식의 해를 구할 수 있다.

Q. 다음 그림을 식으로 나타내보자. [해답 252페이지]

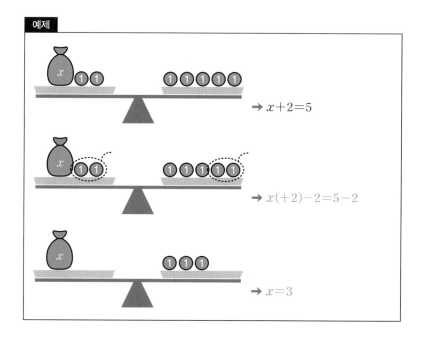

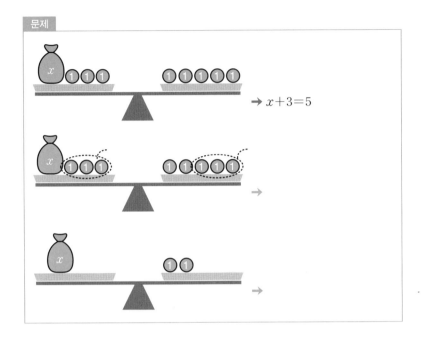

$\rightarrow x+3=5$

2. 방정식 2

균형을 이루는 양팔저울에서 같은 수를 똑같이 더해도 균형을 이룬다.

이 원리를 이용해 $x-1=2$ 같은 방정식의 해를 구할 수 있다.

Q. 다음 그림을 식으로 나타내보자. [해답 252페이지]

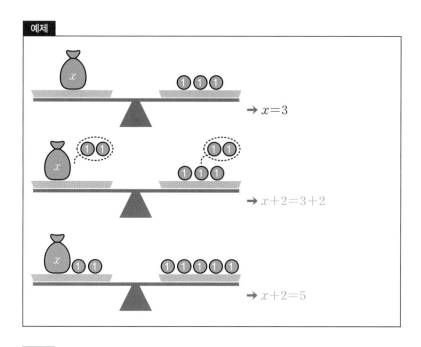

→ $x=3$

→ $x+2=3+2$

→ $x+2=5$

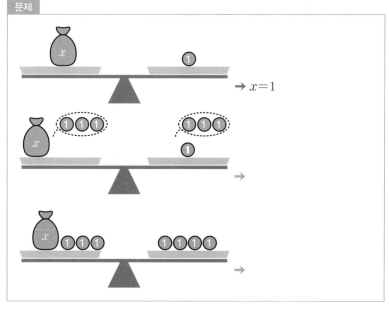

→ $x=1$

→

→

3. 방정식 3

개념 알기

균형을 이루는 양팔저울에서 같은 수를 똑같이 나누어도 균형을 이룬다. 이
원리를 이용해 $2x=6$ 같은 방정식의 해를 구할 수 있다.

Q. 다음 그림을 식으로 나타내보자. [해답 252페이지]

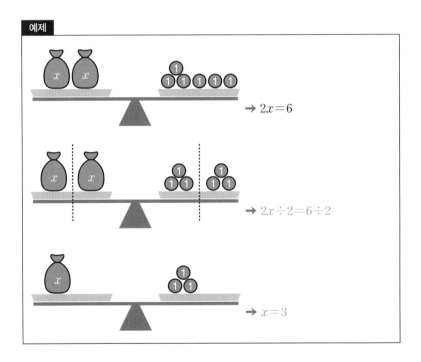

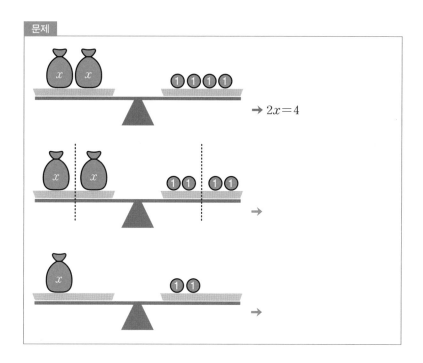

4. 방정식 4

균형을 이루는 양팔저울에서 같은 수를 똑같이 곱해도 균형을 이룬다. 이 원리를 이용해 $\frac{1}{2}x=1$ 같은 방정식의 해를 구할 수 있다.

Q. 다음 그림을 식으로 나타내보자. [해답 253페이지]

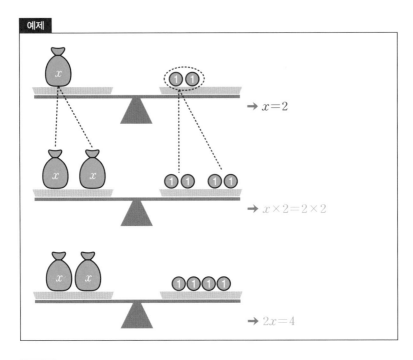

➜ $x=2$

➜ $x \times 2 = 2 \times 2$

➜ $2x = 4$

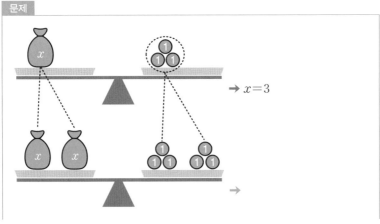

➜ $x=3$

➜

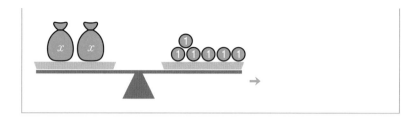

5. 방정식 5

균형을 이루는 양팔저울에서 같은 수를 똑같이 빼고, 나누어도 균형을 이룬다. 이 원리를 이용해 $3x+2=8$ 같은 방정식의 해를 구할 수 있다.

Q. 다음 그림을 식으로 나타내보자. [해답 253페이지]

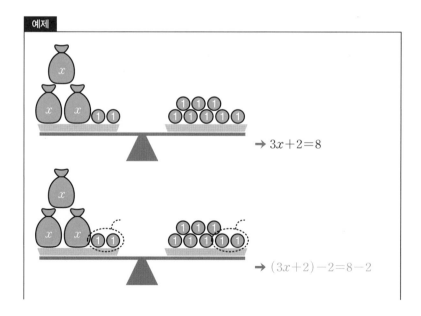

$\rightarrow 3x+2=8$

$\rightarrow (3x+2)-2=8-2$

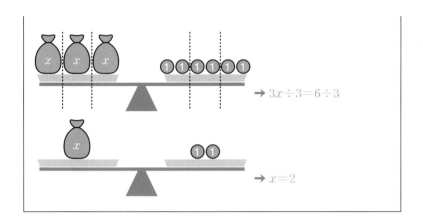

$$\rightarrow 3x \div 3 = 6 \div 3$$

$$\rightarrow x = 2$$

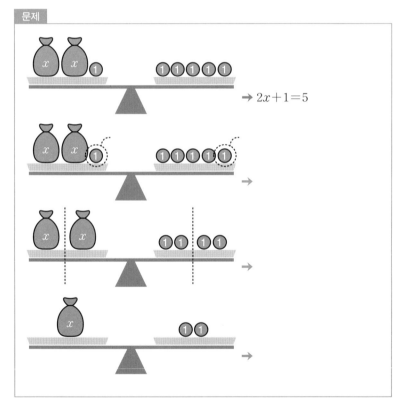

$$\rightarrow 2x + 1 = 5$$

$$\rightarrow$$

$$\rightarrow$$

$$\rightarrow$$

6. 방정식 6

개념 알기

균형을 이루는 양팔저울에서 같은 수를 똑같이 빼도 균형을 이룬다. 이 원리를 이용해 $3x+1=2x+3$ 같은 방정식의 해를 구할 수 있다.

Q. 다음 그림을 식으로 나타내보자. [해답 253페이지]

예제

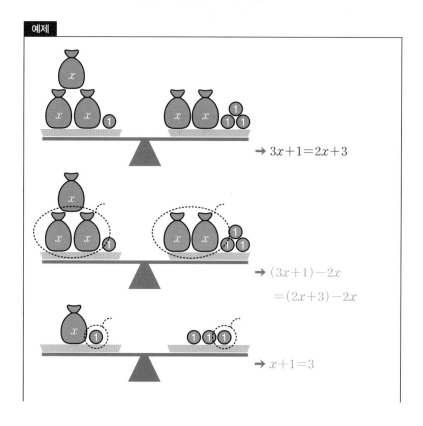

→ $3x+1=2x+3$

→ $(3x+1)-2x$
  $=(2x+3)-2x$

→ $x+1=3$

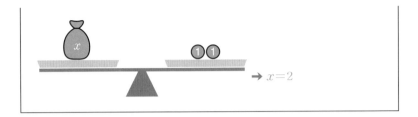

$\rightarrow x=2$

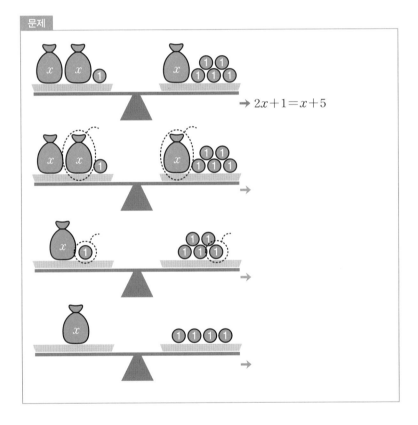

$\rightarrow 2x+1=x+5$

$\rightarrow$

$\rightarrow$

$\rightarrow$

④ 함수

함은 한자로 상자라는 뜻이다. 함수 하면 마법 상자를 떠올릴 수 있다.

마법 상자에 1을 넣었더니 2가 나오고, 2를 넣었더니 4가 나오고, 3을 넣었더니 6이 나왔다. 이 상자는 어떤 수를 넣으면 그 수의 2배가 나오는 상자이다. 이 말을 간략하게 표현하면 상자에 넣는 수를 x, 나오는 수를 y라 할 때 $y=2x$라고 한다. 상자에 넣는 수와 나오는 수의 관계를 나타내는 것이 바로 함수이다. 이러한 언어 훈련을 하면 학생들은 함수를 쉽게 인식할 수 있다.

이 상자는 자연현상과 사회현상을 나타낸다. 휴대폰 요금이 1분에 100원일 때, 시간과 휴대폰의 관계를 함수로 표현할 수 있다. 1m 올라갈 때마다 기온이 0.006℃ 떨어지는 자연현상에서 높이와 기온의 관계도 함수로 나타낼 수 있다.

다양한 자연현상과 사회현상을 수학적 언어인 식으로 표현하면 문제를 쉽게 해결할 수 있고, 그래프로 나타내면 그 현상의 특징을 한눈에 파악할 수 있다. 이것이 우리가 함수를 배우는 이유이다.

이 단원을 공부하고 나서 다음 질문에 답할 수 있다면, 제대로 공부한 것이다. [해답 253페이지]

함수란 무엇인지 기적의 상자를 이용해 설명하고, 함수를 배우면 어떤 유익
이 있는지 설명해보자.

참고 영상
〈관계의 수학, 함수 – 생활 속 함수〉

1. 함수의 식으로 나타내기 1

서술적 언어를 함수의 식으로 나타낸다.

Q. 문제를 사선 치며 읽고, 괄호 안에 알맞은 수나 식을 써보자. [해답 253페이지]

마법 상자에 /어떤 수를 넣으면/1을 더한 수가 나온다.

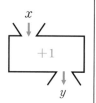

넣은 수	1	2	3	4	5
나온 수	2	3	4	5	6

→ (마법 상자에서 나온 수) = (마법 상자에 넣은 수) + 1

→ y: 마법 상자에서 나온 수, x: 마법 상자에 넣은 수라 하면,

   ($y = x + 1$)

마법 상자에 어떤 수를 넣으면 2를 더한 수가 나온다.

넣은 수	1	2	3	4	5
나온 수					

→ (마법 상자에서 나온 수) = (마법 상자에 넣은 수) + (   )

→ y: 마법 상자에서 나온 수, x: 마법 상자에 넣은 수라 하면,

   (   )

2. 함수의 식으로 나타내기 2

서술적 언어를 함수의 식으로 나타낸다.

Q. 문제를 사선 치며 읽고, 괄호 안에 알맞은 수나 식을 써보자. [해답 253페이지]

마법 상자에 / 어떤 수를 넣으면 / 2를 곱한 수가 나온다.

넣은 수	1	2	3	4	5
나온 수	2	4	6	8	10

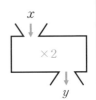

➡ (마법 상자에서 나온 수)＝(마법 상자에 넣은 수)×2

➡ y: 마법 상자에서 나온 수, x: 마법 상자에 넣은 수라 하면,

$(y=2x)$

마법 상자에 어떤 수를 넣으면 3을 곱한 수가 나온다.

넣은 수	1	2	3	4	5
나온 수					

➡ (마법 상자에서 나온 수)＝(마법 상자에 넣은 수)×(   )

➡ y: 마법 상자에서 나온 수, x: 마법 상자에 넣은 수라 하면,

(   )

3. 함수의 식으로 나타내기 3

어떤 현상의 규칙을 찾아 수학적 언어로 나타낸다.

Q. 괄호 안에 알맞은 수나 식을 써보자. [해답 253페이지]

물통에 물을 1분에 2L씩 받고 있다.

1분 후 물의 양은 2×1

2분 후 물의 양은 2×2

3분 후 물의 양은 2×3

4분 후 물의 양은 2×4

5분 후 물의 양은 2×5

시간	1	2	3	4	5
물의 양	2	4	6	8	10

➜ (물의 양)$= 2 \times$ (시간)

➜ y: 물의 양, x: 시간이라 하면, $(y=2x)$

물통에 물을 1분에 3L씩 받고 있다.

1분 후 물의 양은 3×1

2분 후 물의 양은 3×2

3분 후 물의 양은 3×3

4분 후 물의 양은 3×4

5분 후 물의 양은 3×5

시간	1	2	3	4	5
물의 양					

➜ (물의 양)$= 3 \times$ (시간)

➜ y: 물의 양, x: 시간이라 하면, (   )

수학적 언어를 그림·도표의 언어로 나타내면, 그 현상을 한눈에 쉽게 파악할 수 있다. 수학에서 가장 중요한 함수를 그림·도표의 언어로 나타내는 방법이 바로 좌표평면이다. 데카르트가 누워서 천장을 바라보고 있는데 파리가 날아다녔다. 데카르트는 '파리 위치를 정확하게 나타낼 방법이 없을까?'라고 생각하다 좌표평면을 만들었다고 한다.

아파트에는 많은 집이 있다. 이 집의 위치를 정확하게 표현해야 택배 아저씨가 배달할 때 편리하다. 1005호는 10층 5호라는 뜻이다. 즉 위로 10층을 올라가고 옆으로 다섯 번째 집이라는 것이다. 아파트의 호수를 나타내는 방법이 좌표평면과 비슷한 개념이다.

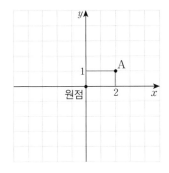

좌표평면에는 2개의 직선이 있다. 수평선을 x축, 수직선을 y축이라고 한다. 두 직선이 만나는 점을 원점이라 한다. 원점에서 시작해 오른쪽으로 2칸, 위로 1칸 움직인 위치에 있는 A점의 좌표는 (2, 1)이라고 표현한다.

함수의 그래프를 그리기 위해 가장 중요한 것은 점을 좌표평면에 나타내는 것이다. 우리나라에서는 이것이 너무 쉽다고 생각해 중학교 1학년 때 아주 잠깐 배우고 빠르게 넘어간다. 하지만 점을 좌표평면에 나타내는 것은 쉽지만 매우 중요하기 때문에 반드시 다양한 방법으로 충분히 훈련해야 한다.

좌표 덕분에 게임 프로그램을 개발할 때 캐릭터가 움직이도록 프로그램을 짜는 것이 가능해졌다. 요즘 아이들에게 코딩 교육이 중요하다고 해서 엔트리나 스크래치 같은 소프트웨어를 가르치곤 한다. 이런 소프트웨어에서 프로그램을 짤 때 캐릭터 위치를 $x(5), y(-20)$ 같은 좌표를 사용해 표현한다.

이 단원을 공부하고 나서 다음 질문에 답할 수 있다면, 제대로 공부한 것이다. [해답 253페이지]

문제

좌표평면이란 무엇이고, 좌표평면을 사용하게 된 이유를 설명해보자.

참고 영상
〈데카르트와 파리〉

1. 좌표평면 1

개념 알기

좌표평면을 이용하면 물체의 위치를 정확하게 표현할 수 있다.

Q. 주어진 캐릭터의 위치를 좌표로 나타내보자. [해답 253페이지]

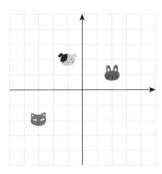

예제

➜ 원점에서 시작해 오른쪽으로 2칸, 위로 1칸

➜ (2, 1)

문제 1

➜ 원점에서 시작해 (   )쪽으로 (   )칸, (   )로 (   )칸

➜

문제 2

➔ 원점에서 시작해 (   )쪽으로 (   )칸, (   )로 (   )칸

➔

2. 좌표평면 2

개념 알기

좌표평면을 이용하면 물체의 위치를 정확하게 표현할 수 있다.

Q. 주어진 점을 다음의 좌표평면에 표시해보자. [해답 253~254페이지]

예제

A(오른쪽으로 2칸, 위로 1칸)

➔ A(2, 1)

문제 1

B(왼쪽으로 4칸, 위로 3칸)

➔

문제 2

C(오른쪽으로 3칸, 위로 5칸)

➔

D (왼쪽으로 4칸, 아래로 3칸)

→

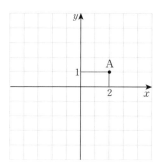

3. 좌표평면에 직선 그리기

개념 알기

점을 연결해 직선을 그릴 수 있다.

Q. 주어진 점을 아래의 좌표평면에 표시하고, 세 점을 연결해 직선을 그려보자. [해답 254페이지]

$(0,0), (1,1), (2,2)$

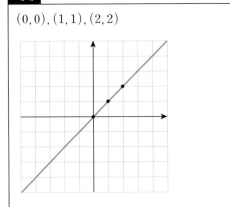

문제 1

$(0,1), (1,2), (2,3)$

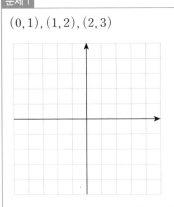

문제 2

$(0,0), (1,-1), (2,-2)$

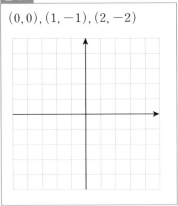

4. 그래프 해석하기

개념 알기

그래프를 보고 서술적 언어로 나타낼 수 있다.

Q. 문제를 읽고, 괄호 안에 알맞은 답을 써보자. [해답 254페이지]

예제

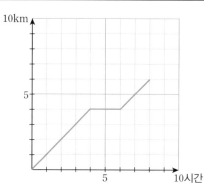

➜ (8)시간 동안 (6)km 걸었다.

➜ 중간에 (2)시간 동안 쉬었다.

➜ 출발한 지 2시간 후 걸은 거리는 (2)km이다.

➜ 3km 가는 데 걸린 시간은 (3)시간이다.

문제

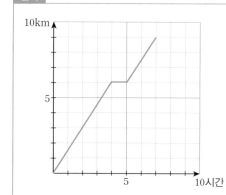

→ (   )시간 동안 (   )km 걸었다.

→ 중간에 (   )시간 동안 쉬었다.

→ 출발한 지 2시간 후 이동한 거리는 (   )km이다.

→ 6km 가는 데 걸린 시간은 (   )시간이다.

5. 서술적 언어를 그래프로 나타내기

개념 알기

서술적 언어를 그림·도표의 언어로 나타내면 상황을 한눈에 쉽게 파악할 수 있다.

Q. 문제를 읽고 좌표평면에 표시한 뒤, 세 점을 연결해 직선을 그려보자. [해답 254 페이지]

예제

진기가 자전거를 타고 일정한 속력으로 달려 2시간 후 5km 떨어진 곳까지 갔다. 2시간 후부터 1시간 동안 휴식을 취했다. 다시 달리기 시작해 그때부터 4시간 후 처음 있던 곳에서 8km 떨어진 곳까지 갔다.

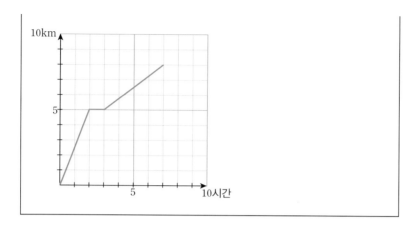

진기가 자전거를 타고 일정한 속력으로 달려 3시간 후 3km 떨어진 곳까지 갔다. 3시간 후부터 2시간 동안 휴식을 취했다. 다시 달리기 시작해 그때부터 4시간 후 처음 있던 곳에서 9km 떨어진 곳까지 갔다.

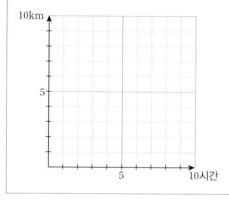

6. 그래프를 식으로 나타내기

개념 알기

그림·도표의 언어를 수학적 언어로 나타내면 문제를 쉽게 해결할 수 있다.

Q. 문제를 읽고, 괄호 안에 알맞은 답을 써보자. [해답 254페이지]

예제

진기가 자전거를 타고 가고 있다.

→ 1시간 후 거리는 2×1

→ 2시간 후 거리는 2×2

→ 3시간 후 거리는 2×3

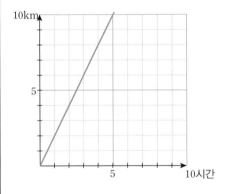

→ 1시간에 2km씩 이동한다. (기울기가 2이다)

→ y: 거리, x: 시간이라 하면, ($y = 2x$)

진기가 자전거를 타고 가고 있다.

→ 1시간 후 거리는 3 × 1

→ 2시간 후 거리는 3 × 2

→ 3시간 후 거리는 3 × 3

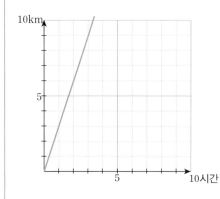

→ 1시간에 3km씩 이동한다. (기울기가   이다)

→ y: 거리, x: 시간이라 하면, (   )

7. 직선의 방정식

직선을 수학적 언어인 식으로 표현할 수 있다.

Q. 주어진 세 점을 연결해 좌표평면에 직선 그래프를 그렸다. 직선 그래프를 보고 표에 알맞은 y의 값을 쓰고, 식을 만들어보자. [해답 254페이지]

예제

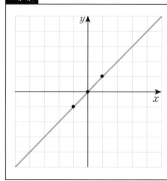

x	-1	0	1
y	-1	0	1

➜ y의 값은 x의 값과 같다.

➜ $y=x$

문제 1

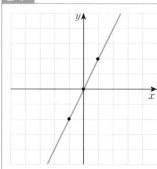

x	-1	0	1
y			

➜ y의 값은 x의 값의 2배 값이다.

➜ (   )

문제 2

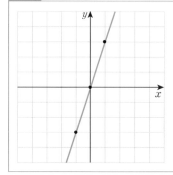

x	-1	0	1
y			

➜ y의 값은 x의 값의 3배 값이다.

➜ (   )

8. 직선 그래프 그리기

개념 알기

주어진 식을 만족하는 점 3개를 찾아 연결하면, 수학적 언어를 그래프로 나타낼 수 있다.

Q. 주어진 식을 만족하는 점 3개를 찾아 좌표평면에 표시한 뒤 연결해 직선 그래프를 그려보자. [해답 254페이지]

예제

$y=x$

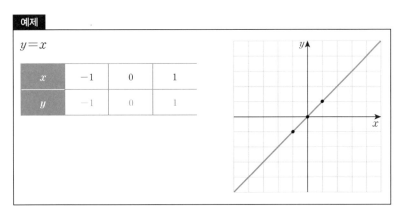

x	-1	0	1
y	-1	0	1

문제 1

$y=4x$

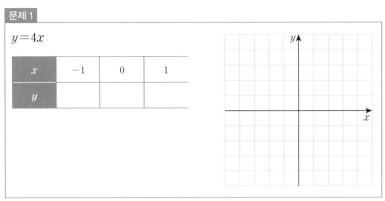

x	-1	0	1
y			

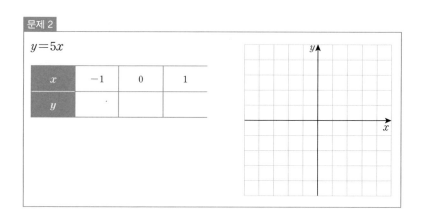

$y = 5x$

x	-1	0	1
y			

이 책을 통해 수학이란 올바른 방법만 알면 누구나 다 잘할 수 있는 과목임을 확인했다. 그리고 수학을 잘하기 위한 방법은 단순히 수학적 지식을 암기하고 요령을 통해 성적을 올리는 방법을 배우는 것이 아니라, 학문적 본질을 이해하는 능력을 기르는 것이라는 점을 강조했다.

이 책에서는 다루지 않았지만 수학적 내용은 삶의 깊은 내면과도 연결되어 있다. 중학교에서 무리수를 배우고, 고등학교에 가면 허수를 배운다. 학생은 이런 것을 배울 때 나와는 아무런 상관이 없는 것을 배운다고 생각해 더 흥미를 잃는다. 하지만 절대 그렇지 않다.

실수는 크게 유리수와 무리수로 나뉜다. 유리수는 질서가 있고 예측 가능한 수이다. 무리수는 무질서하고 예측이 불가능한 수이다. 우리의 삶도 마찬가지이다. 내일 해가 몇 시에 뜨고, 나는 무슨 일을 할 것인가 하는 것은 예측 가능하다. 하지만 원자 단위의 미시 세계에 들어가면 우리 능력으로는 소립자의 운동을 예측할 수 없다. 즉 불확정의 세계인 것이다. 하지만 이 두 개의 세계를 통해 우리는 진리에 가까이 다가간다. 이와 같이 서로 다른 개념의 유리수와 무리수를 통해 우리는 더 깊은 수학의 세계에 들어갈 수 있다.

고등학교에서 허수를 배우면 수학이 허황된 세계를 다루는 것처럼 생각된다. 실수는 존재하는 수로 눈에 보이고 확인할 수 있다. 하지만 허수는 가상으로만 존재하고, 눈으로 직접 확인할 수 없는 수라서 황당하게 느껴진다. 그러나 우리 삶도 마찬가지라는 사실을 인식해야 한다. 우리가 현재 존재하고 볼 수 있는 것, 즉 집, 동물, 자동차, 스마트폰 등은 실수의 세계이다. 하지만 우리 주위에는 분명히 존재하지만 볼 수 없는 것이 있다. 어머니의 희생, 무엇인가 이루고자 하는 열정, 우주에 존재한다는 암흑 물질 등은 존재하기는 하는데 볼 수 없는 허수의 세계에 속한다. 우리에게 진정으로 중요한 것은 보이지 않는다. 이렇게 황당하게 느껴지는 허수는 삶의 단면이고, 사고 영역을 넓혀줄 수 있는 보석과 같은 존재이다.

수학을 올바른 방법으로 배우도록 하는 것은 단순히 수학을 잘하는 학생을 길러내는 데 그치는 것이 아니다. 이는 우리나라의 미래 인재를 길러내는 데 절대로 필요한 것이다. 이제 우리는 과감히 구습을 버리고 새로운 인재를 양성하기 위한 수학의 여정을 시작해야 한다.

성적 올리는 요령을 잘 배워 수학 성적이 높은 것이 수학을 잘한다는 의미는 아니다. 한국에서는 수학 성적이 높은 사람을 많이 길러왔지만, 학문 분야에서 노벨상을 타지 못한 이유 중 하나는 진정한 수학적 능력을 길러주지 못했기 때문이다. 수학적 언어능력의 빈곤이 사고 능력의 빈곤을, 상상력의 빈곤을, 그리고 융합적 사고 능력의 빈곤을 유발했기 때문이다.

최근 인공지능은 비약적 발전을 이루고 있다. 인공지능은 숫자와 언어를 논리적으로 다루는 능력에서는 인간을 넘어선다. 이런 시기에 교육은 인공지능과 차별되는 '창조하는 인간'을 기르는 것을 지향해야 한다. 이를 위해서는 수학 교육부터 바로잡아야 한다.

다양한 함수의 종류

① 등각나선 접선의 길이

앵무조개는 나선형이다. 이 나선 모양은
매우 아름다우며, 여기에도 규칙이 있다.
나선형에 접선을 그리면 접선의 길이가
첫 번째는 1, 두 번째는 2, 세 번째는 3,
네 번째는 5, 다섯 번째는 8, 여섯 번째는
13, 일곱 번째는 21, 여덟 번째는 34, 아

홉 번째는 55……인 것을 알 수 있다. 즉 앞의 두 수를 더하면 다음 수
가 되는 규칙이다.

몇 번째	1	2	3	4	5	6
접선의 길이	1	2	3	5	8	13

이 현상은 $y=-\dfrac{1}{\sqrt{5}}(\dfrac{1-\sqrt{5}}{2})^{x+1}-(\dfrac{1+\sqrt{5}}{2})^{x+1}$인 함수의 식으로 표현한다. 좀 더 간단하게 $a_{n+2}=a_n+a_{n+1}(a_1=1,\ a_2=2)$로도 표현할 수 있다.

이러한 나선형을 등각나선이라고 한다. 앵무조개뿐만 아니라, 자연 세계에는 등각나선 모양인 것이 많다. 아름다운 나선형 모양을 그리고 싶다면 예술적 감각이 없더라도 이러한 규칙에 따라 그릴 수 있다. 이처럼 아름다운 등각나선에 숨어 있는 규칙도 수학적 언어로 간략하게 표현할 수 있다.

이처럼 함수란 자연현상이나 사회현상을 표현한 것이다. 수학에서는 주로 이런 현상을 식으로 표현한다. 어떤 현상을 식으로 표현하면 앞에서 살펴본 것처럼 강력한 힘을 갖기 때문이다. 수많은 정보를 간략하게 표현할 수 있고, 그 현상을 분석해 어려운 문제도 쉽게 해결할 수 있다. 그래서 수학자는 자연현상이나 사회현상을 되도록 식으로 표현하려고 애쓴다. 그러나 식으로 표현하기가 너무 복잡한 현상도 있다. 그림으로만 표현해도 쉽게 이해할 수 있는 현상 또한 많다. 다음의 여러 가지 예는 어떤 현상을 나타내는 함수를 그림·도표의 언어로 표현한 것이다.

❷ 소리

소리는 공기의 압력 변화가 전파한다. 각각의 소리를 시간에 따른 압력 변화라는 함수로 표현할 수 있다. 이 함수가 $y=\sin x$처럼 간단하게 표현되는 소리를 '순음'이라고 한다. 그러나 대부분의 소리는 매우 복잡한 형태의 함수이다. 바이올린 소리를 그림으로 표현하면 다음과 같다.

소리의 파형은 매우 복잡하지만 같은 유형이 주기적으로 되풀이되는 것을 알 수 있다. 이렇게 복잡한 현상을 식으로 표현할 수 있을까? 식으로 표현할 수 있다면 어떤 일이 일어날까? 소리를 식으로 표현한다면 그 식을 암호화할 수 있기에 도청 방지용 기계를 손쉽게 만들 수 있다. 또 국어, 영어 등 언어학 관련한 연구도 보다 과학적으로 접근할 수 있을 것이다.

❸ 심전도

TV 드라마에서 환자의 심전도가 다음 그림과 같이 표시되다가 결국 일직선으로 변하면서 세상을 떠나는 모습을 보여줄 때가 종종 있다. 심장박동에 따라 흐르는 전류를 측정해 시간에 따른 변화를 나타낸 것이 바로 심전도이다. 건강검진을 할 때 흔히 심전도를 측정하고 그 결과를 그래프로 표현하는 것을 볼 수 있다. 시간에 따라 변하는 심전도를 수치로 나타내는 것보다 그래프로 표현하면 건강 상태를 훨씬 더 잘 이해할 수 있기 때문이다. 이 또한 함수이다. 이러한 현상을 그림으로 표현하면 다음과 같다. 이러한 그래프를 통해 심장과 관련한 건강 상태를 파악할 수 있다.

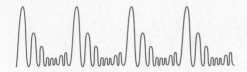

④ 뇌파

심장뿐 아니라 뇌에서도 뇌세포의 활동으로 전류가 발생한다고 알려졌는데, 이를 기록한 것이 뇌파이다. 시간에 따른 뇌파의 변화라는 함수를 통해 이러한 현상을 분석할 수 있다. 뇌파의 변화는 언뜻 매우 복잡한 듯 보이지만 주기적으로 변하고, 정신 상태에 따라 일정한 유형이 있음을 알 수 있다.

이 함수를 그림으로 표현하면 다음과 같다. 뇌에 종양이나 출혈 등이 있을 경우 정상인의 뇌파와 다른 유형의 뇌파가 발생한다. 따라서 뇌파를 통해 뇌의 이상을 발견할 수 있다. 또 수면을 취할 때도 뇌파가 주기적으로 변화하는데, 이런 현상을 통해 수면을 연구할 수 있다.

⑤ 만화책 구입량

어떤 물건을 구입할 때 가격이 싸면 많이 구입하고 비싸면 적게 구입한다. 만화책을 구입하는 데 한 권당 1,000원일 때는 5권, 900원일 때는 9권, 800원일 때는 13권, 700원일 때는 17권을 구입한다. 즉 '만화책 구입량$=-\dfrac{1}{25}\times$가격$+45$'이다.

가격(원)	1,000	900	800	700
만화책 구입량(권)	5	9	13	17

이 현상은 $y=-\dfrac{1}{25}x+45$인 함수의 식으로 표현한다. 가격 변동에 따라 어떤 상품을 구입하는 현상을 그래프로 표현하면 가격 변동이 상품 구입에 얼마큼 영향을 주는지 한눈에 파악할 수 있다. 가격 변동이 상품량에 별로 영향을 주지 않을 때 가격을 인상하면 가게 주인에게는 이익이 될 수 있다. 그러나 상품 구입이 가격 변동에 민감하다면 가격을 올린다고 무조건 이익이 되는 것은 아니기에 신중할 필요가 있다.

⑥ 전화 요금

어느 통신사의 전화 요금은 10초당 17원이라고 한다. 그러면 1분당 102원이다. 2분이면 204원이고 3분이면 306원이다. 즉 '전화 요금$=102\times$총통화 시간'이다. 이 현상은 $y=102x$인 함수의 식으로 표현한다.

시간(분)	1	2	3	4
전화 요금(원)	102	204	306	408

❼ 판매 수당

백화점에서 아르바이트를 하는데, 판매 금액의 2%를 수당으로 준다고 한다. 1만 원어치를 팔았다면 200원을 받고, 2만 원어치를 팔았다면 400원, 10만 원어치를 팔았다면 2,000원을 받는다. 이를 식으로 표현하면 '판매 수당=0.2× 판매 금액'이다. 이 현상은 $y=0.02x$인 함수의 식으로 표현한다.

판매 금액(원)	10,000	20,000	100,000	200,000
판매 수당(원)	200	400	2,000	4,000

❽ 탄산칼슘 원소의 질량

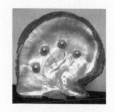
진주조개

산호

석회동굴

조개껍데기, 진주, 산호, 석회암 등은 겉모습은 달라도 모두 탄산칼슘이라는 물질로 이루어져 있다. 탄산칼슘은 산소, 칼슘, 탄소 등 세 가지 원소로 구성되었다. 이 원소가 아무렇게나 섞여 있는 것이 아니라, 일정한 규칙에 따라 결합되어 있다. 조개껍데기에 탄산칼슘이 100g 있다고 하자. 그러면 이 중 산소는 48g, 칼슘은 40g 탄소는 12g 들어 있다. 탄산칼슘이 200g이라면 산소는 96g, 칼슘은 80g, 탄소는 24g이다. 어떤 경우에도 항상 일정한 비율로 결합되어 있다. 즉 '산소의 양 $= \dfrac{48}{100} \times$ 탄산칼슘의 양', '칼슘의 양 $= \dfrac{40}{100} \times$ 탄산칼슘의 양', '탄소의 양 $= \dfrac{12}{100} \times$ 탄산칼슘의 양'이다.

이 현상은 $y = \dfrac{48}{100}x$ 인 함수의 식으로 표현한다.

탄산칼슘(g)	100	200	300	400
산소(g)	48	96	144	192

또 이 현상은 $y = \dfrac{40}{100}x$ 인 함수의 식으로 표현한다.

탄산칼슘(g)	100	200	300	400
칼슘(g)	40	80	120	160

또 이 현상은 $y = \dfrac{12}{100}x$ 인 함수의 식으로 표현한다.

탄산칼슘(g)	100	200	300	400
탄소(g)	12	24	36	48

⑨ 널뛰기 높이

널뛰기를 할 때 일정한 높이에서 한 사람이 널 왼쪽에 떨어지면 오른쪽에 있는 사람이 위로 올라간다. 두 사람의 몸무게가 비슷할 경우 1m 높이에서 떨어지면 상대방도 1m 올라가고, 2m 높이에서 떨어지면 상대방도 2m 올라간다. 이러한 현상을 식으로 표현하면 왼쪽 사람이 떨어진 높이는 오른쪽 사람이 올라가는 높이이다. 이 현상은 $y=x$인 함수의 식으로 표현한다.

떨어진 높이(m)	1	2	3	4
올라간 높이(m)	1	2	3	4

⑩ 수력발전 1

우리는 매일 전기를 사용한다. 전기를 생산하는 방법 중 하나는 수력발전이다. 수력발전소는 물을 높은 곳에서 낮은 곳으로 떨어뜨려 그때 발생하는 에너지로 전기를 생산한다.

높이가 2배 되면 발생하는 에너지의 양도 2배가 되고, 높이가 3배가 되면 발생하는 에너지의 양도 3배가 된다. 물의 양이 같을 경우 1m 높이에서 물이 떨어질 때 발생하는 에너지의 양이 5라면, 2m 높이에서 떨어질 때 발생하는 에너지의 양은 10, 3m에서 발생하는 에너지의 양은 15가 된다. 즉 '발생하는 에너지의 양=5×높이'이다. 이 현상은 $y=5x$인 함수의 식으로 표현한다.

높이(m)	1	2	3	4
에너지의 양(kW)	5	10	15	20

⑪ 수력발전 2

앞의 예에서 같은 높이에서 물을 떨어뜨린다고 하자. 물이 1톤, 2톤, 3 톤으로 증가할 때 발생하는 에너지의 양은 어떠할까? 물의 양이 2배가 되면 발생하는 에너지의 양도 2배가 되고, 물의 양이 3배가 되면 발생 하는 에너지의 양도 3배가 된다. 물의 양이 1톤일 때 발생하는 에너지 의 양이 5였다면, 2톤일 때 발생하는 에너지의 양은 10이 되고, 3톤일 때는 15가 된다. 즉 발생하는 에너지의 양은 물의 양에 비례하는 것이 다. 즉 '발생하는 에너지의 양=5×물의 양'이다. 이 현상은 $y=5x$인 함수의 식으로 표현한다.

물의 양(톤)	1	2	3	4
에너지의 양(kW)	5	10	15	20

⑫ 높이와 온도

백두산을 오르기로 했다. 정상으로 올라갈수록 온도가 점차 내려가기 때문에 겨울옷을 준비해야 한다. 온도가 얼마나 내려가는지 알아봤더니 100m 올라갈 때마다 0.6℃ 내려간다고 한다.

현재 지면의 온도는 15℃이다. 따라서 1,000m 올라가면 6℃가 내려가고 2,000m 올라가면 무려 12℃나 내려간다. 그러면 3℃가 된다. 15℃에서 3℃는 엄청난 온도 변화이다. 이에 대응하기 위해서는 오리털 점퍼를 준비해야 한다. 1m 올라갈 때마다 0.006℃가 내려가고, 지면에서는 15℃이기 때문에 '온도=−0.006×높이+15'가 된다. 이 현상은 $y=-0.006x+15$인 함수의 식으로 표현한다.

높이(m)	1,000	2,000	3,000	4,000
온도(℃)	9	3	−3	−9

⑬ 기중기

공사장에서 무거운 물건을 나를 때 기중기를 사용한다. 이는 도르래 원리를 이용한 것으로 무거운 자재를 작은 힘으로 운반할 수 있다. 조선시대 실학자 정약용은 1792년 수원성을 쌓을 때, 8개의 움직도르래를 사용한 거중기를 만들어 무

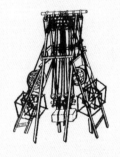

거운 돌을 운반하는 데 사용했다. 거중기를 이용하면 256kg의 돌을 1kg의 힘으로, 512kg의 돌은 2kg의 힘으로 운반할 수 있다. 즉 '거중기를 이용해 돌을 움직일 때 드는 힘 $=\dfrac{1}{256}\times$ 돌의 무게'가 된다. 이 현상은 $y=\dfrac{1}{256}x$인 함수의 식으로 표현한다.

돌 무게(kg)	256	512	768	1,024
힘(kg)	1	2	3	4

⑭ 예약 취소율

어떤 항공사에서 예약한 손님의 취소율을 조사해보니 대략 20명당 1명꼴로 예약을 취소한다고 한다. 손님이 40명이라면 2명, 60명이라면 3명, 100명이라면 5명, 200명이라면 10명 정도가 예약을 취소한다고 추측할 수 있다. 즉 '예약을 취소하는 사람 수 $=\dfrac{1}{20}\times$ 예약한 사람 수'이다. 이 현상은 $y=\dfrac{1}{20}x$인 함수의 식으로 표현한다.

예약한 사람(명)	20	40	60	80
취소하는 사람(명)	1	2	3	4

가정에 설치한 전력량계는 각 가정에서 전기를 얼마큼 사용했는지 알려주는 기기다. 가정에서 사용한 전력량에 따라 전기 요금을 지불해야 하는데, 가정에서 전기를 얼마큼 사용했는지 어떻게 측정할까?

| 1,200W | 130W | 145W | 1,050W |

모든 전기 기구에는 소비 전력이 표시되어 있다. 이는 1초 동안에 소비한 전기에너지의 양이다. 즉 '전기에너지=소비 전력×시간'이다. 위 그림에서 진공청소기의 소비 전력은 1,200W, 가습기는 130W, 텔레비전은 145W, 전자레인지는 1,050W이다. 진공청소기가 소비하는 에너지의 양이 무척 많다는 것을 알 수 있다.

이 현상은 $W=1200t$인 함수의 식으로 표현한다.

시간(t/초)	1	2	3	4
진공청소기에 사용한 전기에너지(W)	1,200	2,400	3,600	4,800

또 이 현상은 $W=130t$인 함수의 식으로 표현한다.

시간(t/초)	1	2	3	4
가습기에 사용한 전기에너지(W)	130	260	390	520

또 이 현상은 $W = 145t$인 함수의 식으로 표현한다.

시간(t/초)	1	2	3	4
텔레비전에 사용한 전기에너지(W)	145	290	435	580

또 이 현상은 $W = 1050t$인 함수의 식으로 표현한다.

시간(t/초)	1	2	3	4
전자레인지에 사용한 전기에너지(W)	1,050	2,100	3,150	4,200

소비 전력이 큰 가전제품일수록 전력량도 많아지기 때문에 전기 요금을 많이 내야 한다. 위 가전제품 중 진공청소기의 전력량은 가습기 전력량의 약 10배이다. 그러므로 같은 시간 동안 사용한다고 하면 청소기를 사용할 때는 가습기를 사용할 때보다 무려 10배 정도 전기 요금이 부과된다고 예측할 수 있다. 전기 요금을 줄이고 싶다면 소비 전력이 큰 전기 기구의 사용 횟수를 줄이면 된다. 이처럼 전기를 사용한 양을 나타내는 개념도 함수로 표현한다.

⑯ 소리의 속력

소리를 전달하는 속력은 기온에 따라 약간 변화한다. 기온이 0℃일 때 소리의 속력은 331m/초이고, 기온이 1℃일 때는 0.6+331m/초이며, 2℃일 때는 0.6×2+331m/초이다. 온도가 높을수록 차이가 매우 적기는 하지만, 소리의 속력은 조금 빨라진다. 이 현상은 $y=0.6x+331$ 인 함수의 식으로 표현한다.

온도(℃)	0	1	2	3
음속(m/초)	331	331.6	332.2	332.8

⑰ 쏘아 올린 물체의 위치

어떤 물체를 쏘아 올리면 그 물체는 시간에 따라 어떤 위치에 있을까? 이를 설명해보자. 당연히 천천히 쏘아 올리면 금방 땅에 떨어질 테고, 좀 빠르게 쏘아 올리면 더 높이 올라갔다가 떨어질 것이다.

지상 25m 높이에서 20m/초 속도로 쏘아 올렸더니 2초 후에는 물체가 45m에 있었고, 3초 후에는 40m, 4초 후에는 20m, 5초 후에는 0m에 있었다. 즉 '물체의 위치=−5×시간의 제곱+20×시간+25' 가 된다.

이런 현상을 수학적 언어로 표현하면 어떤 물체를 쏘아 올렸을 때 높이를 일일이 재지 않아도 수식에 대입해 바로 높이를 구할 수 있다. 인공위성을 쏘아 올릴 때도 마찬가지이다. 인공위성을 쏘아 올렸을 때 일어나는 여러 현상을 수학식으로 표현해 인공위성이 지구로 다시 떨어지지 않고, 태양계의 미아가 되지 않도록 하는 속력을 계산해 쏘아 올린다. 이런 현상을 수학적 언어인 식으로 표현하지 못했다면 인공위성 같은 거대한 물체는 쏘아 올리지 못할 것이다. 이 현상은 $y=-5x^2+20x+25$인 함수의 식으로 표현한다.

시간(초)	2	3	4	5
위치(m)	45	40	20	0

⑱ 볼링

볼링을 잘하려면 공을 어떻게 굴려야 할까? 처음 볼링을 할 때는 공이 옆으로 빠지지 않게 굴리기만 해도 잘하는 것이지만 점차 실력이 늘다 보면 이것만으로는 부족하다. 공을 똑바로 굴려도 어떤 사람의 공은 힘이 있어 핀을 많이 넘어뜨리는 반면, 어떤 사람의 공은 힘이 없어 몇 개의 핀밖에 넘어뜨리지 못한다. 공을 어떻게 굴려야 힘이 셀까?

무게가 10파운드인 공을 던진다고 하자. 좀 세게 던져 공의 빠르기가 2배가 되면 힘도 2배가 될 것이라고 생각하기 쉽지만, 실제로는 2배가 아니라 4배가 된다. 공이 3배가 빨라지면 힘은 9배로 늘어난다. 공의 빠르기가 1일 때 힘의 세기가 5라면, 공의 빠르기가 2이면 힘의 세기는 20이 된다. 즉 '공의 힘=5×빠르기의 제곱'이 되는 것이다. 즉 볼링을 할 때 똑바로 굴리는 것 못지않게 빠르게 던져야 핀을 많이 쓰러뜨릴 수 있다. 이 현상은 $y=5x^2$인 함수의 식으로 표현한다.

속력	1	2	3	4
힘	5	20	45	80

⑲ 교통사고

도로에서 달리던 자동차가 충돌해 교통 사고가 발생할 때, 시내 도로보다는 고속도로에서 대형 사고가 나는 일이 많고, 더 작은 차일수록 심하게 일그러지는 경향이 있다. 자동차가 부서지는 정도는 차의 크기, 빠르기와 깊은 관계가 있기 때문이다.

자동차가 80km/시로 달리는 것보다 160km/시로 달리면 부서지는 정도는 2배가 아닌 4배가 된다. 자동차의 속력이 3배가 빨라지면 부서지는 정도는 9배가 된다. 속력이 1일 때 자동차가 부서지는 정도를 1이라고 하면, 속력이 2일 때 부서지는 정도는 4이다. 이런 현상을 식으로 표현하면 '자동차가 부서지는 정도＝자동차 빠르기의 제곱'이다.

또 상대 차량이 소형차인지, 중형차인지 여부에 따라 부서지는 정도가 다르다. 얼마큼 다를까? 질량이 2배가 되면 부서지는 정도도 2배가 된다. 질량이 3배가 되면 부서지는 정도는 3배가 된다. 질량이 1일 때 부서지는 정도가 1이라면, 질량이 2이면 부서지는 정도는 2이다. 즉 '자동차가 부서지는 정도＝상대 차량의 질량'이다.

그렇기 때문에 시내 도로보다는 고속도로에서 사고가 났을 때, 그리고 상대 차가 소형일 때보다는 대형일 때 위험도가 매우 높다는 것을 알 수 있다. 또 자동차의 질량보다는 속력이 훨씬 더 큰 영향을 끼친다는 것을 알 수 있다.

이 현상은 $y＝x^2$인 함수의 식으로 표현한다.

속력	1	2	3	4
차가 부서지는 정도	1	4	9	16

또 이 현상은 $y＝x$인 함수의 식으로 표현한다.

질량	1	2	3	4
차가 부서지는 정도	1	2	3	4

⑳ 인구 증가율

인구의 폭발적 증가는 식량 자원 문제와 다양한 환경 문제를 야기한다. 1999년 지구상의 인구는 약 60억이었다. 자료 조사에 의하면 1995년 부터 2000년 사이 세계 인구 증가율은 대략 1.33%였다. 이런 증가율이라면 언제 인구가 120억이 될까?

먼저 인구가 증가하는 현상을 표현해보자. 1999년 인구가 60억이니까 그다음 해에는 60억×1.00133을 계산하면 60억 798만 명이다. 2년 후는 60억 798만×1.00133을 계산하면 약 60억 1,597만 613명이다. 즉 '인구=60×(1+0.00133)^x 연승'이다.

이 현상은 $y=60(1+0.00133)^x$인 함수의 식으로 표현된다. 수학적 식으로 표현하면 문제를 간략하게 해결할 수 있다. 인구가 120억이 되는 해는 $60(1+0.00133)^x=120$이 되는 x를 구하면 된다.

햇수	1	2	3	4
인구(명)	6,007,980,000	6,015,970,613	6,023,971,853	6,031,983,735

㉑ 빛의 밝기

어두운 밤길에 랜턴으로 빛을 비추면 가까운 곳은 밝게 보이지만, 먼 곳은 흐리게 보인다. 거리에 따른 빛의 밝기라는 현상에는 어떤 원리가 있을까?

거리가 2배로 멀어지면 빛의 밝기는 2배로 약해질까? 아니다. 4배로 약해진다. 거리가 3배로 멀어지면 빛의 밝기는 9배로 약해진다. 거리가 1일 때 빛의 밝기가 1이라면, 거리가 2일 때 빛의 밝기는 $\frac{1}{4}$, 거리가 3일 때 빛의 밝기는 $\frac{1}{9}$이다. 즉 '빛의 밝기=$\frac{1}{떨어진\ 거리}$의 제곱'이다. 이 현상은 $y=(\frac{1}{x})^2$인 함수의 식으로 표현한다.

거리	1	2	3	4
빛의 밝기	1	$\frac{1}{4}$	$\frac{1}{9}$	$\frac{1}{16}$

㉒ 나뭇가지 수

나무가 가지를 뻗어나가는 모습을 관찰했다. 나무가 가지를 뻗는 원리는 다음과 같다. 나뭇가지 수를 세어보면 1, 2, 3, 5, 8, 13, 21, 34, 55이다. 이 현상은 $y = -\frac{1}{\sqrt{5}}(\frac{1-\sqrt{5}}{2})^{x+1} - (\frac{1+\sqrt{5}}{2})^{x+1}$인 함수의 식으로 표현한다. $a_{n+2} = a_n + a_{n+1}(a_1 = 1, a_2 = 2)$ 같은 수열의 식으로 표현할 수도 있다.

처음에는 한 가지에서 2개의 가지가 나온다. 새로운 가지 중 하나가 뻗어나오는 동안 다른 가지는 그대로 있다. 한쪽에서 뻗어나오는 동안 다른 쪽은 쉬는 이 과정을 되풀이하면서 가지가 자라난다. 이는 아래 가지에 그늘이 지는 것을 최대한 피하기 위해서이다. 이처럼 나무가 가지를 뻗어나가는 데도 규칙이 있음을 알 수 있다. 물론, 환경에 따라 변화가 있긴 하지만 기본 원리는 위의 규칙과 같다.

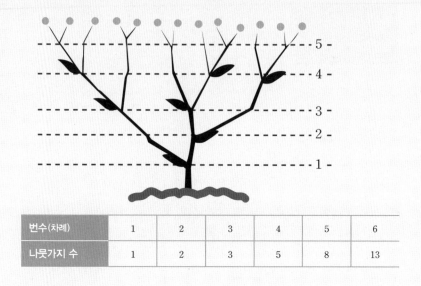

번수(차례)	1	2	3	4	5	6
나뭇가지 수	1	2	3	5	8	13

㉓ 기타 줄의 길이

기타 줄을 튕기면 소리가 난다. 같은 줄일 경우 길이가 길면 저음이 나고 짧으면 고음이 난다. 음이 화음을 내려면 줄의 길이를 어느 정도로 줄이고 늘려야 할까? 첫 번째 길이가 1인 줄을 튕기고, 그다음에는 길이가 $\frac{1}{2}$인 줄을, 그다음은 길이가 $\frac{1}{3}$인 줄을 튕기면 조화로운 소리가 난다. 이처럼 조화로운 소리가 나는 데는 일정한 규칙이 있다. 이 현상은 $y = \frac{1}{x}$인 함수의 식으로 표현한다.

번수(차례)	1	2	3	4	5	6
줄의 길이	1	$\frac{1}{2}$	$\frac{1}{3}$	$\frac{1}{4}$	$\frac{1}{5}$	$\frac{1}{6}$

24 음악 소리와 소음

소음을 나타내는 함수를 그림으로 표현하면 다음과 같다. 이 그림은 뾰족뾰족하고 빠르게 들쑥날쑥하다. 만약에 소음을 나타내는 파형과 정반대인 파형의 소리를 함께 듣는다면 어떤 현상이 일어날까? 두 소리가 상쇄되어 소음을 들을 수 없게 된다. ANC Active Noise Control라 불리는 소음 통제장치는 바로 이러한 원리로 만든다. 소음을 함수로 분석해 소음의 모양과 반대 모양의 소리를 만들어(반소음) 그 소리를 소음과 함께 듣게 하면 소음이 들리지 않는다.

요즈음 나오는 대중음악의 반주는 대부분 컴퓨터 음악을 이용한다. 소리를 함수화해 분석한 후 멋있는 소리의 파동을 나타내는 함수를 컴퓨터로 처리하는 과정을 통해 악기로는 연주하기 어려운 음까지 만들어낸다.

국가 미래 교육의 새 패러다임
수용성 교육

본 보고서는 이미 〈KAIST 대한민국 국가미래전략 2015〉의 교육 분야에서 제안한 내용과 〈KAIST 대한민국 국가미래전략 2016〉의 교육 분야에서 제안한 내용을 근거로 한다. 2015년 보고서에서는 한국의 미래 교육 전략의 목적을 '교육력의 신장'으로 설정했다. 학교는 물론이고 가정, 나아가 사회 등 다양한 형태를 띠는 교육 시스템의 교육력을 신장해야 한다는 것이다. 현재 우리 사회가 지닌 문제를 해결하는 방법은 창조적 지성, 바른 세계관, 전면적 인성, 융합적 능력, 글로벌 의식을 갖춘 미래 인재를 길러내는 것이라고 제시했다.

2016년 보고서에서는 이와 같은 미래 인재를 양성하기 위해서는 지력·심력·체력·자기관리 능력·인간관계 능력의 다섯 가지 전인격적 인성을 회복해 인간의 '수용성'을 키워주어야 한다고 강조했다. 그리고 이렇게 양성한 고도의 인적자원을 전면에 배치해 우리나라가 미래에 풀어야 할 과제로 통전적 평생교육 시스템의 확보, 세계시민 양성, 통일에 대비한 통일 교육 방안을 찾을 것을 제안했다.

❶ 미래 인재 양성을 위한 수용성 교육

교육의 결과는 피교육자의 수용성과 본질적으로 연관이 있다. 즉 양질의 교육을 제공했을 때 그것을 받아들이는 수용성이 높은 사람에게서 좋은 결과가 나오는 것이다. 수용성 부족은 2015년 보고서에서 지적했듯이 지성의 틀, 마음의 틀, 몸의 틀, 자기관리의 틀, 인간관계의 틀이 왜곡된 데 따른 결과이다.

따라서 다섯 가지 틀을 회복할 수 있는 현실적 교육 커리큘럼을 제시해야 하며, 아울러 창조적 지성, 융합적 능력, 글로벌 의식을 가진 미래 인재를 위한 프로그램을 구체화해야 한다.

전인격적 인성 교육을 기반으로 수용성을 회복하기 위해서는 참과 거짓을 구별하는 지력, 지식을 내면화하는 심력, 진리를 실행하는 체력, 자신이 가진 에너지를 바르게 분배하는 자기관리 능력, 자신이 가진 에너지를 다른 사람과 공유하는 인간관계 능력을 길러야 한다. 그래서 인식의 틀을 바르게 정립하고, 내적 수용성을 향상하며, 탁월성을 발휘하도록 전인격적 인성 교육 프로그램을 설계했다. 교육과 문화가 발전하는 등 삶의 질이 향상하고 사회가 복잡해짐에 따라 현대 교육목표인 인지적·정의적·운동 기능적 영역의 교육만으로는 감당하기 힘든 것이 사실이다. 그러므로 이 프로그램에 자기관리 영역과 인간관계 영역을 더해, 전체 커리큘럼을 지력·심력·체력·자기관리 능력·인간

관계 능력의 다섯 가지 영역으로 확대했고, 이 과정을 거쳐 전면적 인성과 바른 세계관을 갖출 수 있도록 했다.

현재까지 본 교육 커리큘럼에 따른 수용성 교육은 각 시도 교육청 단위로 실시하는 교원 직무 연수 프로그램으로 개설되어 약 1만 5,000여 명의 교사가 훈련을 받았으며, 연구학교를 신설하거나 기존 학교에서 이를 실행해 탁월한 결과를 보여주고 있다. 박남기[*]는 이런 수용성 교육체계를 아들러의 세 가지 삶의 틀 개념, 즉 자기개념, 세계상, 자기 이상과 비교·분석했다. 본 수용성 교육의 커리큘럼은 알프레트 아들러Alfred W. Adler의 심리학과 맥을 같이한다. 아들러가 삶의 틀을 강조하는 것처럼 수용성 교육에서는 지력·심력·체력·자기관리 능력·인간 관계 능력의 다섯 가지 '수용성의 틀'을 강조한다. 수용성의 요소가 망가지면 학습과 성장이 어려워진다. 이는 '리비히의 최소량의 법칙'에서 보듯이 다섯 가지 수용성 요소 중 가장 부족한 요소가 학생의 학습 성과를 결정하기 때문이다.

② 미래 인재의 핵심 역량

창조적 지성

인성의 왜곡은 인식 틀의 왜곡에서 나온다. 이광형[**]은 학습자가 외부

---

* 박남기, 〈미래 교육의 새 패러다임〉, 미래창조과학부 국가미래전략종합학술대회, 2015.
** 이광형, 〈인식의 틀과 가치좌표〉, KAIST 국가미래전략 정기토론회, 2015.

전인격적 인성 교육을 위한 25가지 커리큘럼

지력	심력	체력	자기관리 능력	인간관계 능력
정보처리 능력	삶의 목표 의식 확립	5차원 건강관리법	자유에너지 확장	인간 특질 발견
다중 언어 능력	반응력 기르기	최대출력법	시간 관리	나와 가족
자연 세계의 이해 능력	풍부한 정서력 기르기	노동과 쉼	재정 관리	나와 동료
역사의 이해 능력	긍정적 사고방식	직업관	언어와 태도 관리	나와 사회
창조적 지성	바른 세계관의 확립	전면적 인성의 확립	융합적 능력	글로벌 인간상

에서 들어온 기호언어를 재해석하는 과정은 자신이 사물을 인식하는 방식인 '인식의 틀'에 크게 영향을 받으며, 인식의 틀에 문제가 생기면 가치좌표에도 왜곡이 나타난다는 점을 지적했다. 인성 교육이란 마음속에 가치좌표를 올바르게 배치하는 일이라고 할 수 있는데, 인식의 틀이 서로 다르면 동일한 인성 교육을 받았어도 가치좌표를 다르게 설정할 가능성이 있다. 그래서 바른 인성 교육을 위해서는 인성 교육을 하기 전에 먼저 인식의 틀을 바꾸어야 한다. 인식의 틀은 개인에 따라 각자 다른 특성을 가지고 있다. 하지만 그 특성과 차이점이 얼마나 다른지 객관적으로 볼 수 있는 방법은 없다. 개인의 뇌 속에 입력된 지식을 각자의 인식의 틀을 거쳐 재해석하는 과정을 엿보는 방법으로 '사선'을 치며 문장을 읽는 방법이 있다. '아버지가 방에 들어가신다'라는 문장이 있다. 이것을 두 가지 방식으로 재해석해 받아들일 수 있다. '아버지가 / 방에 / 들어가신다' 또는 '아버지 / 가방에 / 들어가신다'. 이것

이 바로 인식의 틀을 시각화하는 방법이다. 인성 교육 과정에서도 인식의 틀의 시각화 과정을 거쳐 분석하면, 인식의 틀이 외부 입력을 제대로 재해석하는지 그러지 않은지를 알 수 있다. 그래서 교정이 필요하면 교정할 수 있게 된다. 인식의 틀을 교정함으로써 인성을 회복하는 것이 수용성 교육의 기반이 될 수 있는 것이다.

이상오[*]는 창조적인 창의성 교육을 위해서는 인식의 변화가 필요하다고 지적한다. 첫째, 창의성 교육은 특별한 교육을 의미하는 것이 아니라 교육의 원형이라는 것이다. 둘째, 창의 교육과 인성 교육은 한 몸이라는 것이다. 아울러 우리가 받아들인 정보를 고도화할 때 인간은 창의력이 향상하고 창조적 지성을 갖출 수 있다. 정보를 고도화하는 능력을 기르기 위해서는 체계적인 정보의 재구성 작업이 필요하기에 정보의 성격과 내용에 따라 정보를 분류·분석·종합하는 능력이 필요하다. 입수한 정보의 효율을 높이기 위해서는 정보를 질서화해야 한다.

정보의 질서화에 이어 내면화하는 단계가 필요하다. 즉 정보는 대개 추상적이며, 이런 추상적 개념을 구체화하기 위해서는 개념 심화 학습법을 이용해 자신이 생각하는 개념과 사전적 개념을 비교, 묵상하는 과정이 필요하다. 이런 과정을 거쳐 입수한 정보를 고도화함으로써 창의적 사고를 할 수 있게 된다.

• 이상오, 《지식의 탄생》, 한국문화사, 2016.

융합적 능력

융합적 능력은 인간의 상상력을 바탕으로 구현되어왔다. 상상력은 사유의 원천이자 본질이다. 즉 인간의 모든 생각은 상상에서 시작된다. 그리고 테크놀로지 역시 이성과 감성 이전에 '생각'에서 출발했다. 인간은 사고를 바탕으로 언어를 창조하고, 사고의 결과인 언어로 자신의 생각을 남에게 전달한다. 따라서 우리의 언어 사용 능력이 사고에 영향을 미친다.

이한진[**]은 이런 의미에서 융합적 능력을 길러주는 핵심 요소인 인간의 사고 능력을 향상하기 위해서는 수학을 활용하는 것이 매우 유익하다고 주장한다. 수학은 인간이 만든 가장 고도의 언어이며, 이 언어를 바르게 사용하면 고도의 사고 능력을 기를 수 있기 때문이다. 정보를 전달하는 언어의 형태에는 세 종류가 있다. 서술적 언어, 그림과 도표의 언어, 수학적 언어가 그것이다. 자연현상이나 사회현상이라는 정보를 표현할 때도 추상적이고 함축적인 수학적 언어를 사용하면 간결하게 표현할 수 있고, 문제를 잘 해결할 수 있다. 수학적 사고 유형은 함축화, 변형화, 구체화, 패턴화, 기타의 다섯 가지로 나눌 수 있다. 수학적 언어로 이 같은 유형의 사고 훈련을 함으로써 생각하는 능력을 향상하고, 아울러 상상력을 증진해 궁극적으로 융합적 능력을 기를 수 있다.

•• 이한진, 〈대한민국 수학교육의 진단과 미래비전〉, 《5차원전면교육협회》, 2016.

글로벌 의식

미래에는 국가 간의 상호 의존성이 더욱 증대되고, 여러 측면에서 단일 사회 체계로 변모하는 전지구화, 즉 글로벌화가 뚜렷해질 것이다. 이런 시대에 다른 나라 사람들과 공존하기 위해서는 그들의 문화와 정신을 이해하고 수용하는 능력이 필요하며, 아울러 그들의 언어를 이해하고 소통하는 다중 언어 능력이 필수이다. 안정헌*은 학생들이 기존 영어 문법에 바탕을 둔 영어 학습 방식으로 영어를 익히는 것이 매우 어려운 일이며, 이런 방식은 근본적으로 영어로 의사소통을 할 수 없게 만드는 교육이라고 지적한다. 그의 주장에 따르면 영어를 마스터하는 올바른 방법은 '1대원리 5소원칙'을 근거로 사고 구조를 변화시키는 것이다.

한편 김완호**는 월터스Walters의 단계적 접근 방식이 EFLEnglish as a Foreign Language 상황의 우리나라 영어 쓰기 지도에서 매우 유용한 접근 방식이라고 보며, 이를 위한 구체적 실마리를 어순을 중심으로 한 사고 구조 변환법에서 찾고자 한다. 이러한 사고 구조 변환법으로 언어 학습 방식을 개선해 다중 언어 능력을 갖추고, 이를 토대로 문화의 벽을 넘어서 글로벌 의식을 가질 수 있도록 해야 한다.

• 안정헌, 〈Sense Group Grammar〉, 《5차원전면교육협회》, 2016.
•• 김완호, 〈어순 중심의 사고구조변환법을 통한 영어교수 학습방법의 전환〉, KAIST 국가미래전략 정기 토론회, 2015.

③ 미래 세대와 행복 교육

우리나라 부모는 그간 자녀가 성공하는 데 가장 중요한 요소가 교육이라고 생각해 교육에 열을 올렸지만, 정작 한국인은 행복하지 않다고 느끼는 사람이 너무나 많다. 그 큰 이유 중 하나는 교육에서 파생된 문제가 사람들을 행복하지 못하게 만들었기 때문이다. 그러므로 인간을 행복하게 만드는 교육체계를 구축해야 한다. 김경동***은 국가와 사회는 현재뿐 아니라 미래의 구성원도 행복한 삶을 영위하도록 물질적·정신적 여건을 조성하고, 필요한 자원을 제공할 책임이 있다고 주장한다. 우리 세대는 미래 세대가 행복하게 살아갈 수 있게 만드는 교육 시스템을 확립하는 데 인색해서는 안 된다.

인간의 행복은 외적 조건으로 결정되는 것이 아니라, 그 조건을 주관적으로 어떻게 느끼는가에 달렸다. 에드 디너Ed Diener 교수의 지적대로, 한국인의 행복도가 낮은 이유는 지나치게 물질적인 것에 치중해 사회적 관계나 개인의 심리적 안정 등 다른 가치를 희생하기 때문이라고 말한다. 디너 교수의 연구에 따르면, 인간은 성취했기 때문에 행복한 것이 아니라, 행복감이 높을수록 성취감도 높아지므로 건강이나 성공을 자신하고 인간적 만족도 또한 높아 즐겁게 살 수 있다. 우리에게는 살아가면서 건강, 돈, 가정, 성취, 목표, 배려 등 행복을 만들어갈 수 있는 긍정적 요소가 많다. 하지만 이러한 요소는 사람의 관점에 따라 긍

*** 김경동, 〈왜 미래세대의 행복인가〉, 미래세대행복위원회 창립총회, 2015.

정적 요소도, 부정적 요소도 될 수 있다. 문용린˚은 이러한 요소를 긍정적으로 바꾸기 위해서는 긍정적으로 바라보는 능력이 필요한데, 이를 행복 능력이라 부를 수 있다고 한다. 우리 국민의 행복 능력을 키우는 일이 바로 행복 교육의 핵심 과제인 것이다.

④ 미래 교육 전략

통전적 평생교육 전략

이제 인간은 특별한 일이 없는 한 100세까지 살게 되었다. 이러한 시대의 교육은 그 교육을 받는 당시에만 필요한 것이어서는 안 되며, 평생을 살아가는 데 필요한 통전적 교육이어야 한다. 이를 위해서는 평생 살아가는 데 필요한 창조적 지성, 바른 세계관, 전면적 인성, 융합적 능력, 글로벌 의식을 길러줄 수용성 교육이 전제되어야 한다. 그러므로 하루빨리 공교육 현장에서 통전적 교육 커리큘럼, 즉 수용성 교육을 강화하는 작업을 시작해야 한다. 이 같은 통전적 교육을 받은 고도의 인적자원을 통해 우리의 직장이 새로운 에너지를 공급받고, 어려운 여건에서도 경제 발전을 지속해야 한다. 아울러 생애 전 시기에 걸쳐 필요한 통전적 교육 프로그램을 개발해야 하며, 이를 토대로 한 평생교육 시스템을 구축해 고도의 사회 체계를 확립해야 한다.

˚ 문용린, 〈행복교육의 의미와 과제〉, KAIST 국가미래전략 정기토론회, 2015.

통일 교육 전략

미래에 필연적으로 닥칠 통일 사회에서 우리가 당면할 다양한 문제 중 가장 근본적이고 장기적인 노력이 필요한 것이 사회 통합 문제이다. 오윤경[**]에 따르면 사회 통합을 기반으로 한 통일 교육의 방향과 전략은 수용성 교육이 추구하는 바와 같은 맥락에서 이해할 수 있으며, 미래 통일 사회의 실질적 구성원이 될 남한 청소년에게 수용성 교육을 기반으로 한 통일 교육이 필요하다. 윤덕민[***]은 수용성 교육과 아울러 통일 사회에서 함께 살아갈 남북한 학생들이 민족 동질성을 회복하기 위해 폐쇄적 정서를 극복하고 열린사회로 갈 수 있게 하는 교육이 필요하다고 역설한다. 임경호[****]는 이를 위하여 남북 교육 교류 기구를 설립하고, 방학 기간 등을 활용해 탈북 새터민 학생들과 남한 학생들에게 통합적 교육을 실시해 통일 이후 교육과정에서 생길 수 있는 제반 문제점을 미연에 파악하고, 그 방안을 찾는 노력이 중요하다고 강조한다. 아울러 통일 문제에 가장 큰 영향을 받을 750만 해외 동포를 위한 '한민족 교육 공동체'를 구축하는 일도 시급한 과제이다.

[**] 오윤경, 〈통일 세대를 위한 수용성 교육의 의의〉, KAIST 국가미래전략 정기토론회, 2015.

[***] 윤덕민, 〈미래를 위한 통일교육 전략〉, KAIST 국가미래전략 정기토론회, 2015.

[****] 임경호, 〈수용성 교육을 통한 통일 이후 통합교육 방안〉, 《5차원전면교육협회》, 2016.

⑤ 결론

이제부터라도 우리 국민이 자신의 달란트를 최대로 발휘하도록 전인
격적 인성 교육에 바탕을 둔 수용성 교육을 실시하고, 우리 자신만이
아니라 타 민족도 섬길 수 있는 인적자원을 길러내야 한다. 그래야 평
화를 근간으로 고도의 기술 사회에서, 창의적으로 인류의 행복을 지향
하는 역사의 바른길을 가게 될 것이다.

해답

1장 수와 사칙계산: 135~164페이지

1. 분수

문제 1

빵 1개를 2조각으로 나눈 것 중 1조각,
빵 1개를 4조각으로 나눈 것 중 2조각,
빵 1개를 6조각으로 나눈 것 중 3조각은 모두
크기가 같다.

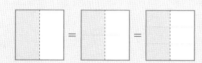

문제 2

빵이 $\frac{1}{2}$개 남아 있다. 그것의 $\frac{1}{3}$만큼 먹으면 전
체의 $\frac{1}{6}$개가 된다.

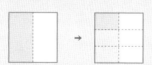

문제 3

빵이 5개 있다. 빵을 각각 $\frac{1}{2}$개씩 나누어 먹으
면 모두 10명이 먹을 수 있다.

1. 분수의 뜻

문제 1 $\frac{1}{4}$

문제 2 $\frac{1}{5}$

2. 분모가 같은 분수의 덧셈

문제 $\frac{4}{6} + \frac{1}{6} = \frac{5}{6}$

3. 분모가 다른 분수의 덧셈

문제 $\frac{9}{12} + \frac{8}{12}$

4. 분모가 같은 분수의 뺄셈

문제 $\frac{3}{5} - \frac{1}{5} = \frac{2}{5}$

5. 분수의 곱셈

문제 1 $\frac{1}{3} \times \frac{1}{4} = \frac{1}{12}$

문제 2 $\frac{1}{4} \times \frac{1}{5} = \frac{1}{20}$

6. 분수의 나눗셈 1

문제 $\frac{1}{3} \div 4 = \frac{1}{12}$

$\frac{1}{3} \div 4 = \frac{1}{3} \times \frac{1}{4}$

7. 분수의 나눗셈 2

문제 $1 \div \frac{1}{3} = 3$

$1 \div \frac{1}{3} = 1 \times \frac{3}{1}$

2. 소수

문제 1

$0.04 \times 0.7 = \dfrac{4}{100} \times \dfrac{7}{10} = \dfrac{28}{1000}$ 이므로,

0.4×0.7의 값은 4×7 값에 소수점만 세 군데 옮겨서 찍으면 된다.

문제 2

0.6m짜리 리본을 0.2m씩 자르면 모두 3도막이다. 6m짜리 리본을 2m씩 잘라도 모두 3도막이다. 따라서 $0.6 \div 0.2 = 6 \div 2$이다. 분수의 나눗셈을 이용해서 설명하면

$0.6 \div 0.2 = \dfrac{6}{10} \div \dfrac{2}{10} = \dfrac{6}{10} \times \dfrac{10}{2} = 6 \div 2$이다.

1. 소수의 뜻 1

문제 분수: $\dfrac{5}{10}$　소수: 0.5

2. 소수의 뜻 2

문제 1 분수: $\dfrac{12}{100}$　소수: 0.12

문제 2 분수: $\dfrac{34}{100}$　소수: 0.34

3. 소수의 덧셈

문제 1 $0.4 + 0.5 = 0.9$

문제 2 $0.1 + 0.6 = 0.7$

4. 소수의 뺄셈

문제 1 $0.5 - 0.3 = 0.2$

문제 2 $0.7 - 0.3 = 0.4$

5. 소수의 곱셈

문제 1 0.4×0.7

$$\dfrac{4}{10} \times \dfrac{7}{10} = \dfrac{28}{100} = 0.28$$

문제 2 0.5×0.8

$$\dfrac{5}{10} \times \dfrac{8}{10} = \dfrac{40}{100} = 0.4$$

6. 소수의 나눗셈

문제 1 $0.9 \div 0.3$

$$\dfrac{9}{10} \div \dfrac{3}{10} = \dfrac{9}{10} \times \dfrac{10}{3} = 9 \div 3$$

문제 2 $0.8 \div 0.4$

$$\dfrac{8}{10} \div \dfrac{4}{10} = \dfrac{8}{10} \times \dfrac{10}{4} = 8 \div 4$$

3. 정수

문제 1

오후의 기온이 5℃였는데, 저녁에는 8℃가 내려가서 영하 3℃가 되었다.

문제 2

아침 기온이 영하 2℃였는데 8℃가 올라가서 오후에는 6℃가 되었다.

문제 3

오늘 최고 기온은 2℃이고, 최저 기온은 영하 3℃였다. 일교차는 5℃이다.

문제 4

$(-2) \times 3 = (-2) + (-2) + (-2)$이므로 -6과 같다.

문제 5

$(-2) \times 3 = -6$이므로
$(-2) \times (-3) = -(-6) = 6$

1. 정수의 뜻

문제 1 $+15,\ +3$

문제 2 $-2 \sim 4,\ +70 \sim 90$

2. 정수의 덧셈

문제 1 $(+1)+(+2)=+3$

문제 2 $(-2)+(+3)=+1$

3. 정수의 뺄셈

문제 1 $(+3)-(-1)=4$

문제 2 $(+1)-(-2)=3$

4. 정수의 곱셈

문제 1 $(-4)+(-4)+(-4)=-12$

문제 2 $(-5)+(-5)=-10$

문제 3 $(-7)+(-7)+(-7)+(-7)$
$=-28$

문제 4 $-(-18)=+18$

문제 5 $-(-10)=+10$

2장 함수 응용하기: 168~213페이지

1. 미지수 x

문제

예를 들어 아이돌 스타에 대한 기사가 나왔다. 평균 나이는 19세, 다국적 5인조 걸 그룹. 가장 어린 A와 B는 동갑이고, C는 그 보다 한 살 D는 두 살, 가장 큰 언니인 E는 일곱 살이 많다고 한다. 각각의 나이는 몇 살일까? 이처럼 조금 복잡해지면 문제 해결이 어려워진다.

이럴 때 모르는 것을 x라고 표현하면 문제를 매우 쉽게 해결해나갈 수 있다. A의 나이를 x라 하면 B의 나이도 x이다. C의 나이는 $x+1$, D의 나이는 $x+2$, E의 나이는 $x+7$이다. 평균 나이가 19세이므로

$$\frac{x+x+(x+1)+(x+2)+(x+7)}{5}=19$$라는

식을 세울 수 있다. 이 방정식을 풀면, 아이돌 스타의 나이를 알게 되는 것이다.

1. 상황을 덧셈식으로 나타내기

문제 2000
3000
200

2. 상황을 1개의 기호가 들어간 덧셈식으로 나타내기

문제 200
☆+200

3. 상황을 2개의 기호가 들어간 덧셈식으로 나타내기

문제 ★=☆+200

4. 글을 x, y가 들어간 덧셈식으로 나타내기

문제 $y=x+200$

5. 상황을 곱셈식으로 나타내기

문제 2000
3000
3

6. 상황을 1개의 기호가 들어간 곱셈식으로 나타내기

문제 3
☆×3

7. 상황을 2개의 기호가 들어간 곱셈식으로 나타내기

문제 ★=☆×3

8. 글을 x, y가 들어간 곱셈식으로 나타내기

문제 $y=3x$

9. 글을 x, y가 들어간 나눗셈식(분수)으로 나타내기

문제 $y=\dfrac{1}{3}x$

10. 글을 식으로 나타내기 1

문제 $(\text{☆}\div 5)-4$

11. 글을 식으로 나타내기 2

문제 $\text{★}=(\text{☆}\times 5)-4$

12. 글을 식으로 나타내기 3

문제 $S=\dfrac{1}{2}ah$

2. 문자와 식

문제 1
$3x=x+x+x$이고, $2x=x+x$이므로
$(3x+2)+(2x+4)=3x+2x+2+4$
$=5x+6$이다.

문제 2
(큰 직사각형 넓이)=(①의 넓이)+(②의 넓이)
이기 때문이다.

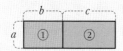

1. 다항식의 덧셈과 뺄셈

문제 1 $(3x+4)+(-x-2)=2x+2$

문제 2 $(-x+2)+(3x+1)=2x+3$

2. 다항식의 곱셈과 나눗셈

문제 1 $2\times(4+5)=(2\times 4)+(2\times 5)$

문제 2 $3\times(2+4)=(3\times 2)+(3\times 4)$

문제 3 $3\times(2+5)=(3\times 2)+(3\times 5)$

3. 방정식

문제 1
김밥집에서 치즈김밥 3줄과 참치김밥 3줄을 샀다. 아주머니께서 모두 합해서 2만 400원이라고 하신다. 참치김밥이 1줄에 3,500원인 것은 알고 있는데, 그렇다면 치즈김밥은 1줄에 얼마일까? 궁금해진다. 일상생활에서 이와 비슷한 일이 많이 일어난다. 어떤 결과를 알고 있을 때, 내가 궁금한 값을 알고 싶어서 방정식이라는 걸 사용했을 것 같다.

문제 2
양변에서 똑같이 1을 빼도 균형을 유지하므로 $4x=2x+4$이다.
양변에서 똑같이 $2x$를 빼도 균형을 유지하므로 $2x=4$이다.
양변을 똑같이 2로 나누어도 균형을 유지하므로 $x=2$이다.

1. 방정식 1

문제 $x(+3)-3=5-3$
 $x=2$

2. 방정식 2

문제 $x+3=1+3$
 $x+3=4$

3. 방정식 3

문제 $2x\div 2=4\div 2$
 $x=2$

4. 방정식 4

문제 $x \times 2 = 3 \times 2$

$2x = 6$

5. 방적식 5

문제 $(2x+1) - 1 = 5 - 1$

$2x \div 2 = 4 \div 2$

$x = 2$

6. 방정식 6

문제 $(2x+1) - x = (x+5) - x$

$x + 1 = 5$

$x = 4$

4. 함수

문제

마법 상자에 1을 넣었더니 2가 나오고, 2를 넣으면 4가 나오고 3을 넣으면 6이 나온다. 이 상자는 어떤 수를 넣으면 그 수의 2배가 나오는 상자이다. 넣는 수와 나오는 수의 관계를 수학적 언어인 식으로 나타낸 것이 바로 함수이다. 마법 상자는 우리가 살아가는 자연현상이나 사회현상을 의미한다. 함수를 이용해서 자연현상과 사회현상에서 일어나는 여러 가지 문제를 쉽게 해결할 수 있다.

1. 함수의 식으로 나타내기 1

문제 $+2$

3, 4, 5, 6, 7

2

$y = x + 2$

2. 함수의 식으로 나타내기 2

문제 $\times 3$

3, 6, 9, 12, 15

$y = 3x$

3. 함수의 식으로 나타내기 3

문제 3, 6, 9, 12, 15

$y = 3x$

5. 그래프로 나타내기

문제

어떤 물건이나 장소의 위치를 정확하게 나타낼 필요가 있다. 예를 들면, 아파트에는 집이 많이 있는데, 집의 위치를 정확하게 표현해야 택배 아저씨가 물건을 배달할 때 편리하다. 또 어떤 프로그램을 개발할 때 캐릭터가 움직이도록 하려면, 어느 방향으로 얼마만큼 움직일지 정해 주어야 한다. 이럴 때 좌표를 이용하면 편리하다. 좌표평면은 2개의 수직인 직선으로 이루어져 있다. 두 직선이 만나는 점을 기준으로 하여 오른쪽으로 2칸, 위로 1칸인 곳의 위치는 $(2,1)$로 표현한다. 좌표평면을 이용해 함수를 그림으로 나타내는 것이 가능하다.

1. 좌표평면 1

문제 1 왼쪽으로 1칸, 위로 2칸

$(-1, 2)$

문제 2 왼쪽으로 3칸, 아래로 2칸

$(-3, -2)$

2. 좌표평면 2

문제 1 $B(-4, 3)$

문제 2 $C(3, 5)$

문제 3 $D(-4, -3)$

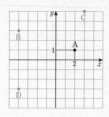

3. 좌표평면에 직선 그리기

문제 1

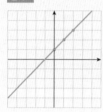

문제 2

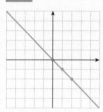

4. 그래프 해석하기

문제 7, 9, 1, 3, 4

5. 서술적 언어를 그래프로 나타내기

문제

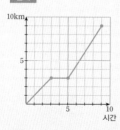

6. 그래프를 식으로 나타내기

문제 3, $y=3x$

7. 직선의 방정식

문제 1 -2, 0, 2

$y=2x$

문제 2 -3, 0, 3

$y=3x$

8. 직선 그래프 그리기

문제 1 -4, 0, 4

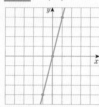

문제 2 -5, 0, 5

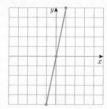

이 책의 방법대로
더 공부하기 원하는 사람들을 위하여

새로운 공부 방법을 선택해서 다시 공부를 시작한다는 것은 결코 쉬운 일이 아니다. 이런 경우 함께하는 사람들이 있으면 큰 도움이 된다. 5차원전면교육협회 홈페이지 들어오면 이런 방식으로 공부하는 사람들이 서로의 정보를 교환하고 함께할 수 있다(www.5eduforum.org). 그곳에서 필요한 학습을 연습할 수 있는 워크북 교재도 구입할 수 있고, 동영상을 통해 어떻게 워크북을 공부하는지 방법도 배울 수 있다. 또한 지금까지 이 교육을 해왔던 사람들과의 정보교류를 통해 계속할 수 있는 힘도 얻게 될 것이다.

훈련 도서

① 자기경영: 지력·심력·체력·자기관리 능력·인간관계 능력을 기반으로 전면적 인성을 기르기 위한 워크북(중등, 고등용).

② 창조적 지성: 학문의 9단계를 기반으로 창조적 지성을 기르기 위한 워크북(초등, 중등용).

③ 언어 수용성(영어): 사고 구조와 발성 구조를 변환하여 글로벌 의식을 기르기 위한 워크북(초등, 중등용).

④ 융합수리: 수학적 언어의 1대원리 5소원칙 훈련을 통해 융합적 능력을 기르기 위한 워크북(초등, 중등용).

5차원
수학